KB269749

커리어의 해체

커리어의 해체

AI는 어떻게 당신의 일을 대체하는가?

"다가올 10년, 생존의 조건"

신세웅 지음

THE
DISSOLUTION
OF CAREER

좋은땅

2025년 샌프란시스코의 어느 월요일 아침, **Salesforce** 본사 직원들은 출근하자마자 메일함에서 짧은 공지를 확인했다. "고객지원 부서의 효율화를 위해, 앞으로 우리의 새로운 AI 플랫폼이 고객 문의를 주도적으로 담당하게 됩니다." 그 문장은 단 몇 줄이었지만, 그날 오후 **4,000명의 직원이 해고 통보**를 받았다. 고객지원 담당 총 9,000명 중 약 45%에 해당하는 인원이었다. 실제로 CEO 마크 베니오프는 "AI가 고객 서비스 상호작용의 절반을 처리하고 있어 예전만큼 많은 인력이 필요하지 않습니다. 고객 경험은 유지되었으며, 회사의 비용 효율성은 극대화되었습니다."고 발표했다. 오랫동안 고객의 분노와 감정을 받아 내던 '사람의 자리'가 코드 몇 줄과 알고리즘, 그리고 시스템으로 대체되는 순간이었다.

코로나 팬데믹의 혼란이 극에 달할 무렵, 비슷한 요청의 전화를 여러 번 받은 적 있다. "우리 회사의 적정 인원을 판단해 줄 수 있나요?" "영업과 매출 규모에 비해서 사무직 인원이 많은 것 같은데, 몇 명 정도로 운영하면 좋을까요?" 이렇게 시작된 적정 인원 산정과 구조조정 프로젝트만 2021년부터 2024년까지만 총 15개 이상에 달했고, 그 이후로도 대기업과 중소기업을 불문하고, 지금까지도 꾸준히 이어지고 있다. 팬데믹 기간동안 구성원들은 '재택 근무'라는 새로운 경험을 접하게 되었지만, 회사는 "직원들이 회사에 나오지 않아도 돌아가네?"라는 확신을 얻게 되는 계기가 되었다. 최종 분석된 적정 인원 판단 결과는 기업의 구조조정으로 이어졌고, 우리는 본의 아니게 회사 인원을 줄이는 명분을 제공하게 되었다. 생산성과 효율화라는 이름으로 많은 구성원이 짐을 싸야 했고, 변화와 생존이라는 명분 아래 구조조정은 이제 자연스러운 과정으로 받아들일 수밖에 없는 지경에 이르렀다.

불과 몇 해 전만 해도 평범한 직장인들은 생존의 질서를 믿었다. 노동은 곧 생계였고, 성실은 곧 보상의 보증이었다. 열심히 학교를 다니고, 졸업 후 직장을 얻고, 충성을 다해 성과를 내면, 그 끝에는 안정된 삶이 기다리고 있다고 여겨졌다. 그러나 지금의 현실은 그것을 허망한 신화로 만들어 버렸다. 사람들은 여전히 새벽마다 출근길 지하철에 몸을 싣지만, 지금 자신이 타고 있는 이 궤도가 어디로 이어질지, 종착점이 있기는 한 것인지 확신할 수 없다는 사실을 마음속 깊은 곳에서는 알고 있다.

최근에는 **AI 전환과 프로세스 개선**이라는 이름으로 껍질만 바꾼 채, 효율화라는 이름으로 공공연한 구조조정의 과정이 상시화되어 가고 있으며, 결과적으로 수많은 가장과 가족들의 생계가 어려움에 처한 현실을 직접 목격하고 있는 상황이다. 내가 쌓아 온 커리어는 어디에도 써먹을 데 없는 낡은 이력서의 한 켠으로 밀려나 버렸으며, 오늘은 무슨 일을 해야 할지 구인 광고와 취업 포털만 들락거릴 뿐 과거의 자랑스러운 영광은 더 이상 들먹일 수 없게 된 지 오래다.

    커리어의 해체

"인간은 무엇으로 사는가?" 이 질문은 톨스토이의 오래된 작품 속 물음이지만, 오늘날 우리에게는 더욱 절실한 생존의 질문이 되었다. 21세기를 살고 있는 우리는 겉보기에 끝없이 연결된 사회 속에 서 있지만, 정작 자신이 어디에 서 있는지, 앞으로 어디로 향해야 하는지 알지 못한 채 흔들린다. 과거의 세대가 믿어 의심치 않았던 길은 무너졌고, 우리가 따라야 할 지도는 흩어졌다. 커리어라는 이름으로 불리던 인생의 궤도는 더 이상 보편적이지 않고, 누구에게도 안정적이지 않다.

우리는 왜 이렇게 불안한가? 그것은 단순히 직업이 줄어들었기 때문만은 아니다. 더 근본적인 이유는 '길'이라는 개념 자체가 사라지고 있기 때문이다. 한 방향으로 꾸준히 걸으면 정상에 도달할 수 있다는 직선적 시간관, 안정적 발전이라는 믿음이 무너졌다. 대신 우리를 둘러싼 세계는 곁길과 단절, 돌발과 전환으로 가득 차 있다. 인생의 항로를 안내하던 별자리가 사라진 밤바다 위에 홀로 선 듯한 감각. 이것이 바로 오늘 우리가 공유하는 시대적 감정이다.

"커리어의 해체"는 단순히 일자리의 변화를 뜻하지 않는다. 그것은 우리가 살아가는 방식 자체가 바뀌고 있음을 의미한다. 커리어가 무너진다는 것은, 곧 '나'의 존재를 규정해 왔던 사회적 언어가 더 이상 유효하지 않음을 뜻한다. 직장과 직위, 직책이라는 낡은 호칭들이 더 이상 삶의 무게를 지탱하지 못하는 순간, 우리는 스스로를 다시 정의해야 한다.

불안은 분명 실체다. 하지만 그 불안은 동시에 길잡이가 될 수 있다.

길이 사라진 시대에 필요한 것은, 낡은 지도를 붙잡는 것이 아니라 새로운 좌표를 만드는 힘이다. 그 힘은 어디서 오는가? 역사 속에서, 수많은 전환기마다 살아남았던 사람들의 공통점은 단 하나였다. 바로 **자기 자신을 다시 쓰는 능력**이다. 조건이 무너질 때, 제도의 약속이 배신할 때, 그들은 스스로에게 물었다. "나는 무엇을 위해 존재하는가?" 이 질문에서부터 새로운 길이 시작되었다.

아마 여러분도 어렴풋이 느끼고 있을 것이다. 지금의 자리에서 오래 버틸 수 없다는 불안, 그리고 어딘가에 새로운 길이 있을 거라는 희미한 희망. 이 책은 바로 그 사이에서 태어났다.

다가올 10년은 어떤 시대가 될 것인가? 우리는 그것을 정확히 예측할 수 없다. 그러나 확실한 것은 "더 이상 직업이 삶의 이름이 되지 않는 시대"라는 사실이다. 직업은 바뀌고 사라지겠지만, 인간의 내면에서 솟아나는 미션은 쉽게 사라지지 않는다. 무너지는 커리어 위에서 새로운 '나'를 어떻게 설계할 것인가? 이 물음에 우리는 스스로 답을 내려야 한다.

이 책은 다가오는 미래와 개인의 삶에 대해 거대한 해답을 제시하지 않는다. 대신 길을 묻는다. 사라진 사다리 위에서, 새로운 평원을 걸어가야 하는 시대에, 당신은 어떤 길을 선택할 것인가? 누군가는 여전히 무너진 계단에 매달려 있을 것이다. 그러나 또 다른 누군가는 잔해를 딛고 새로운 지형을 개척할 것이다. **역사의 주인공은 언제나 후자였다.**

마지막으로 기억해야 할 것은, 이 시대가 우리를 해체의 한복판에 던져 놓았지만, 해체는 동시에 해방이기도 하다는 사실이다. 오래된 사슬에서 풀려날 때, 우리는 비로소 스스로를 다시 설계할 자유를 얻는다. 불안은 짐이 아니라, 방향을 바꾸라는 신호다. 그리고 바로 그 신호를 읽어 내는 사람이, 다가올 10년에 살아남는 주인공이 될 것이다.

우리는 이제 직업이 아니라, 미션으로, 생존을 넘어 의미로, 직업을 넘어 정체성으로, 불안을 넘어 기회로 가고자 한다. **다가올 10년, 대 전환의 시대, 당신은 어떤 길을 만들어 갈 것인가?** 그 서사를 시작해 볼 시간이다.

목차

1장

붕괴된 커리어의 시대

붕괴된 커리어의 시대

한 세대 전만 해도 나름 뚜렷한 길이 있었다. 대학 입학, 대기업 취업, 승진, 정년, 그리고 노후라는 직선적 궤도가 존재했다. 커리어라고 불리던 이 궤도는 지금 산산이 부서지고 있다. 입사만 하면 '자동 승진'이 보장되던 시대는 지나갔고, 정년은 더 이상 의미가 없다. 오히려 "50대 초반 명예퇴직"은 일상적인 풍경이 되었다. 커리어는 예측 가능성이라는 옷을 벗고, 불확실성의 이름을 얻었다.

AI와 자동화가 지워 버린 사다리

AI의 등장은 커리어 해체의 가장 강력한 동력이다. 과거에는 단순 반복 업무가 기술에 의해 대체되었다면, 이제는 창의적 영역과 지식노동까지 침범당하고 있다.

기술만이 아니다. 저성장과 경기불황은 더 이상 직원을 자산이 아니라 비용으로 보게 만들었다. 1990년대까지만 해도 기업은 인력을 장기적 자산으로 간주했다. 그때는 '사람을 키우는 것이 곧 회사의 성장'이라는 나름의 믿음도 있었다. 그러나 지금은 상황이 다르다. 실적이 나빠지면 가장 먼저 줄이는 것이 교육과 인건비다.

한국의 경우, IMF 외환위기는 이 전환의 결정적 순간이었다.

그 전까지는 "한번 들어가면 평생 간다"는 믿음이 남아 있었지만, 외환위기 이후 대규모 구조조정은 그 믿음을 송두리째 흔들었다. 그 후 20여 년간 한국 기업의 경영 방식은 급격히 변했다. 필요하면 외부 인력을 쓰고, 프로젝트가 끝나면 해산한다. 정규직의 안전은 축소되었고, 비정규직·파견직이 일상화되었다. 커리어의 지속성은 '조직의 필요'에 따라 언제든 끊어질 수 있는 선으로 변해 버렸다.

세계적으로도 비슷한 현상이 벌어졌다. 2008년 금융위기 이후 글로벌 기업들은 효율성을 이유로 고용을 유연화했다. 그 과정에서 중산층을 떠받치던 중견·중소기업 일자리가 줄어들었고, 개인들은 '한 직장에서 오랜 커리어를 쌓는 길' 대신 '이직과 재취업을 반복하는 길'을 선택해야 했다.

MZ세대는 이 붕괴된 현실 속에서 사회에 들어왔다. 그들은 이미 부모 세대의 신화를 믿지 않는다. 부모가 "버티면 올라간다"고 말할 때, 그들은 구조조정 뉴스와 조기 퇴직 이야기를 더 많이 접했다. 그러다

보니 자연스럽게 "승진보다 퇴근이 중요해졌고, 회사가 아니라 내가 중심"이라는 태도는 이제 당연시되고 있다.

이는 단순한 반항이 아니다. 시대적 조건의 산물이다. 기성세대는 회사를 통해 생존을 보장받았지만, 새로운 세대는 회사에 기대어 생존할 수 없음을 본능적으로 안다. 그래서 오히려 자신에게 투자하고, 사이드 프로젝트나 N잡을 찾는다. 결국 커리어의 해체는 구조의 문제이면서 동시에 가치관의 전환이다.

이는 낯선 일이 아니다. 농노가 영주의 땅을 떠나 도시 상인이 되었을 때, 그 역시 "안정된 길을 버리고 불안정한 자유를 택한 세대"였다. 오늘날 일부 변화에 민감한 MZ세대는 사다리에 기대는 대신, 아예 사다리 자체를 거부하기도 한다.

무너지는 사다리와 남아 있는 환상

문제는 여전히 많은 사람들이 낡은 사다리에 매달려 있다는 것이다. "조금만 더 버티면 언젠가 오를 수 있겠지"라는 믿음은 쉽게 사라지지 않는다. 실제로 직장 생활을 이어 가는 많은 중년들은 아직도 회사가 자신을 책임져 줄 것이라는 기대를 버리지 못한다. 그러나 매년 반복되는 구조조정과 승진 정체는 그 믿음을 조롱한다. 19세기 프랑스의 사회학자 알렉시 드 토크빌[1]은 "옛 제도의 사슬은 이미 끊어졌지만, 사람들은 여전히 그 사슬을 스스로 발목에 묶고 있다"고 말했다. 오늘날 커리

---

1   알렉시 드 토크빌(Alexis de Tocqueville, 1805-1859). 프랑스 정치학자이자 역사가.

어의 현실이 그렇다. 이미 사다리는 무너졌지만, 사람들은 아직도 사다리를 붙들고 있는 것이다.

새로운 인식의 필요성

오늘날 우리에게 닥친 AI와 자동화, 저성장, 세대 전환은 또 다른 붕괴의 파도다. 커리어는 이제 직선적 사다리가 아니다. 그것은 언제든 무너질 수 있는 발판들의 연속이다. 발판은 금세 사라지기도 하고, 새로운 발판이 생기기도 한다. 따라서 살아남기 위해 필요한 것은 과거처럼 '위로 올라가는 능력'이 아니라, 빠르게 옆으로 이동하고, 새로운 발판을 찾는 능력이다.

커리어의 해체는 피할 수 없는 현실이다. AI와 자동화, 저성장, 세대 전환이라는 거대한 조류는 이미 우리를 덮치고 있다. 중요한 것은 현실을 부정하지 않는 것이다. 무너진 사다리에 매달려 있는 한, 우리는 추락을 피할 수 없다. 다윈이 말했듯이, 강한 자가 아니라 변화에 적응한 자가 살아남는다. 커리어의 세계도 마찬가지다. 강해 보이는 기업, 화려한 직무, 명문 대기업이 변화 앞에서 무너지는 것을 우리는 이미 목격했다.

우리는 이미 붕괴된 커리어의 시대를 힘들게 지나고 있는 중이다.

사라진 직업의 사다리

"우리는 더 이상 아버지 세대가 올랐던 사다리를 오를 수 없다.
사다리는 부서졌고, 새로운 길을 찾아야 한다."

— 리처드 세넷,『노동의 새로운 얼굴』

사다리는 오랫동안 인간의 사회적 이동을 설명하는 가장 강력한 은유였다. 가난한 집에서 태어나도 공부를 잘하면 대학에 갈 수 있고, 대학을 나오면 안정된 기업에 취업할 수 있었다. 회사에 들어가면 대리, 과장, 차장, 부장으로 이어지는 계단이 마련되어 있었고, 충성과 성실로 그 사다리를 밟아 올라가면 노후까지 보장받을 수 있다고 믿었다. 산업화 시대의 직장인들에게 이 사다리는 단순한 상징이 아니라, 실제로 신뢰할 만한 질서이자 사회 전체를 움직이는 희망의 메커니즘이었다. **그러나 지금 그 사다리가 무너지고 있다.** 출발점에서 정상까지 이어지던 직선의 선로는 더 이상 존재하지 않는다. 중간 계단은 잘려 나갔고, 정상으로 이어지는 길목은 봉쇄되었다. 노력하면 올라갈 수 있다는 믿음은 흔적조차 남지 않았다.

과거의 사다리는 '연공서열과 연차'라는 질서 위에서 작동했다. 입사 후 일정한 시간을 채우면 자동적으로 승진 기회가 주어졌고, 그 과정에서 경험과 충성도가 보상으로 돌아왔다. 그러나 최근 들어 더욱 빈번해지고 있는 기업의 구조조정과 디지털 전환은 이 질서를 빠르게 해체했다. 이제는 우리나라 대기업조차 더 이상 연차나 충성에 기반해 인재를 보상하지 않는다. AI와 자동화가 사람과 업무를 대체하면서 경험의 가치는 눈에 띄게 줄어들었다. 한때 신입사원이 수년간 반복하며 배우던 문서 작성, 데이터 정리, 리포트 작성 같은 업무는 이제 기계가 담당한다. 계단의 첫 단이 잘려 나간 셈이다.

사다리의 붕괴는 특히 중간 계단에서 두드러진다. 과거에는 대리에서 과장, 차장, 부장으로 이어지는 직급 구조가 뚜렷했다. 승진은 곧 사회적 지위 상승이었고, 안정의 보증수표였다. 그러나 지금은 이 구조가 단순화되고 있다. 대기업은 '관리자'라는 직위를 줄이고, 프로젝트 단위의 팀제로 개편한다. 승진이란 더 이상 계단을 오르는 과정이 아니라, 일시적으로 새로운 프로젝트에 투입되는 기회로 대체된다. 당연히 기업 입장에서는 효율적이지만, 개인 입장에서는 오랫동안 준비해 왔던 사다리가 사라지는 경험이다. 우리 회사의 오래된 파트너 사는 이미 십여 년 전부터 직급 단계를 없애고, '매니저'라는 단일 호칭을 부여하고 있다. 사무실에는 직무와 역할만이 남아 있고, 연차와 직급은 사라진 지 오래다. 후배가 팀장으로 오르는 것은 이젠 새로운 일이 아니다. 그동안 회사를 그만두는 결정적인 원인이었던 직급과 연령의 역전 현상은 이제는 어디에서든 볼 수 있게 되는 자연스러운 모습으로 자리 잡고 있는 것이다.

2023년 이후 미국의 글로벌 빅테크의 대규모 해고는 이를 극명하게 보여 주었다. 메타, 구글, 아마존은 단숨에 수만 명의 직원을 내보냈다. 2023년부터 불어온 해고의 움직임은 올해에도 계속 이어져 2025년 상반기 기준 마이크로소프트는 15,000명 이상이 해고되었고, 메타 8,000명, 인텔 12,000명, 미 연방 기관 CDC 역시 2,400명 이상이 해고되었다. 올해 해고된 인원만 전체 직원의 약 25% 수준이었고, 해고된 이들 중 상당수는 단순 직원이 아니라 5~10년차의 초중급 관리자였다. 기업은 더 이상 그들을 필요로 하지 않았다. 자동화된 클라우드와 AI 시스템이 불필요한 중간 단계의 관리 기능을 대체했기 때문이다.

우리나라에서 신의 직장이라고 불리던 은행권도 최근 퇴직 바람이 계속 불어오고 있다. 평균 연봉 1억 원 이상이었던 안정적인 직장이지만, 지점과 점포 축소와 디지털 전환으로 인력의 구조조정이 불가피해졌다는 이유 때문이었다. 금융 감독원 자료에 따르면[2], 2025년 상반기 기준 KB, 신한, 하나, 우리은행 등 4대 은행 임직원 수는 최근 1년 사이 1,300명 가까이 줄어들었다. 신한은행이 532명 수준으로 가장 큰 감소 폭을 보였고, 국민, 하나, 우리은행이 그 뒤를 이었다. 은행들은 매년 2,000명 안팎의 직원들을 대상으로 희망퇴직을 실시하며, 대상 연령도 50대에서 30~40대로 확대되는 추세이다. 고객 창구의 직원 대신, 앱과 챗봇이 고객을 맞이하고, 대출의 타당성과 가능성을 심사하고 상담과

2　금융감독원. 「은행권 인력 현황」(2025 상반기 기준)

승인을 거치던 많은 과정이 한꺼번에 자동화되면서 이들의 역할은 급속히 축소되었기 때문이다.

민간 기업뿐만 아니라, 교사와 심지어 공공 부문에서도 사다리가 흔들리고 있다. 교사라는 직업은 한때 소위 '철밥통'으로 불렸다. 임용고시라는 좁은 관문만 통과하면 정년까지 안정된 커리어가 보장된다는 믿음이 있었다. 그러나 2020년대 들어 저출산으로 학생 수가 급감하자 신규 임용 인원이 대폭 축소되었다. 매년 수천 명이 교단에 서던 시대는 끝났고, 수십 명만 뽑는 지역도 흔하다. 공무원은 어떤가? 1997년 IMF 외환위기 이후 한국 사회는 안정적 일자리로 공무원에 열광했지만, 최근 몇 년 사이 지방 재정 악화와 조직 효율화 요구로 신규 채용 규모는 크게 줄었다. 한때 "9급 공무원 합격 = 평생 안정"이라는 공식은 깨졌다. 합격 후에도 구조조정이나 정원 축소의 압박을 피할 수 없다는 현실이 드러나고 있다. 사다리가 존재한다고 믿었던 청년들은 눈앞에서 그 계단이 무너지는 장면을 보고 있다.

우리나라의 경우, 제도적으로는 정년이 60세라 하지만, 실제 현실은 그보다 훨씬 일찍 경력이 단절된다. 한때 30여 년간 이어지던 커리어 경로가 절반도 채 가지 못해 끊어지고 있는 것이다. 통계청이 발표한 자료만 보더라도 이런 현상은 쉽게 확인할 수 있다. 50대 이후 근로자의 절반 이상이 비자발적으로 직장을 떠났으며, 재취업자들은 이전 소득의 평균 60% 수준으로 떨어졌다. 사다리의 붕괴는 곧 소득과 삶의 붕괴로 이어지고 있다. 이러다 보니 실제 사람들이 받는 심리적 충격도 크다. 계단이 존재한다는 믿음 자체가 무너졌을 때, 사람들은 더 이상 무엇을 목표로 해야 할지 알 수 없게 된다. 2024년 취업포털 인크루트가 발표한 설문조사에 따르면, 20~30대 직장인 중 58%가 "아무리 열심히 일해도 적절한 보상이 따라오지 않는다"고 답했다. "열심히 하면 된다"는 구호는 현실에서 점점 설득력을 잃어 가고 있다. 사다리 붕괴가 개인의 동기와 자기 효능감을 동시에 약화시키고 있는 것이다.

사다리의 붕괴는 단지 개인의 문제가 아니라 사회 전체의 신뢰 위기를 불러올 수 있다. 1960 ~ 80년대의 압축 성장기 동안, 한국 사회는 "교육 → 취업 → 승진 → 안정된 노후"라는 궤도를 공유했다. 이는 사회적 합의이자 암묵적 계약이었다. 그러나 지금 이 계약은 파기되었다. 더 이상 교육이 안정된 일자리를 보장하지 않고, 취업이 평생 경력을 보장하지 않는다. 이로 인해 젊은 세대는 제도에 대한 신뢰를 거두고, "조직보다 나"라는 가치관을 택하게 되었다. 사다리의 붕괴는 또한 불평등을 심화시킬 수 있다. 계단이 사라진 자리를 메우는 것은 개인의 네트워크와 자본, 기술 역량이다. 부모의 배경과 교육 자원이 새로운 사다리를 대신하고, 계층 이동은 점점 더 어려워진다. 2023년 OECD 보고서에 따르면, 한국은 교육 수준 대비 직업 계층 이동성이 OECD 평균보다 낮은 국가로 분류되었다. 사다리의 붕괴가 곧 "세습 사회화"로 이어지는 것이다.

하지만 사다리의 붕괴가 절망만을 의미하는 것은 아니다. 오히려 그것은 새로운 길의 시작일 수 있다. 더 이상 단 하나의 길만이 정답이 아니기 때문이다. 위로만 오르는 계단 대신, 옆으로 뻗어 나가는 길, 대각선으로 이어지는 길, 때로는 완전히 다른 지형을 개척하는 길이 가능하다. 이직과 전환, 사이드 프로젝트와 프리랜서 활동은 예외가 아니라 보편적인 선택지가 되고 있다.

결국 커리어의 시대가 끝났다는 말은 누군가에게는 엄청난 시련의 역사가 될 수도 있지만, 또 다른 누군가에게는 동시에 더 많은 가능성이 열린 시대가 시작되었다는 뜻이다. 기업이 계단을 없앤다 해도, 개인의 생존력은 무너지지 않는다. 지금이라도 어떤 방식으로 나 자신을 다시 세울 것인지를 고민하고 방법을 찾아보는 것이 당장 필요할지도 모른다. 어쨌든 우리가 지금 맞이하고 있는 커리어 해체의 시대는 그 누구도 안정을 보장받지 못하고, 늘 생존을 고민해야 할 위기의 새로운 역사가 되었다는 점은 분명한 듯 보인다.

커리어 착시와 정체성 위기

"우리는 하는 일이 곧 우리 자신이라고 믿어 왔다.
그러나 일이 바뀌면, 나는 누구인가?"

― 한나 아렌트

한 사람을 소개할 때 가장 먼저 묻는 질문은 여전히 "무슨 일을 하십니까?"이다. 이름, 나이, 취향보다 앞서는 이 질문은 단순히 생계를 확인하는 절차가 아니다. 그것은 상대가 어떤 세계에 속해 있는지를 가늠하는 사회적 도구다. "저는 의사입니다", "저는 현대에 다니고 있습니다"라는 대답은 직업을 넘어 그 사람의 신뢰도, 권위, 교양까지 동시에 설명해 주는 언어로 작동한다. 이처럼 직업과 정체성은 오랫동안 하나로 겹쳐 있었다.

문제는 지금 이 동일시가 급격히 무너지고 있다는 사실이다. 20세기 직업 사회는 개인의 정체성을 안정적으로 규정해 주었다. 노동은 단순히 돈을 버는 수단이 아니라, 사회적 이름이었고, 존재의 증명이었다. 그러나 21세기 초반을 지나면서, 우리는 직업과 정체성을 겹쳐 놓은 그 오래된 전제가 환영에 불과했음을 목격하고 있다. 커리어가 착시였음을 깨닫는 순간, 사람들은 동시에 자기 자신이 무너지는 듯한 공포를 경험한다. 바로 이것이 바로 '**커리어 착시와 정체성 위기**'다.

직장과 직업에 과도하게 의존한 정체성

현대인은 자기소개를 할 때조차 스스로를 다니는 직장이나 직업으로 설명해 왔다. 특히 유명 기업이나 대기업에 다니는 경우는 자신의 직장과 스스로를 동일시하는 경향도 강했다.

"저는 SK에 다닙니다", "어느 회사의 인사과장입니다"라는 말은 직업적 호칭을 넘어 자기 존재 전체를 직장과 함께 포괄하는 정체성의 언어였다. 산업사회에서 이 방식은 합리적이었다. 직장과 직업은 안정적이었고, 평생 유지될 가능성이 높았다. 대기업 직원, 공무원, 전문직 종사자는 퇴직 때까지 동일한 타이틀을 달고 살아갈 수 있었기 때문이다. 그러나 이러한 동일시는 위험한 구조였다. 직장과 직업이란 사회·경제적 조건에 따라 언제든 흔들릴 수 있는데, 그것을 곧 자기 자신이라고 믿는 순간, 직장의 퇴직이나 직업의 변동은 곧 정체성의 붕괴로 이어진다. 마치 한 장의 가면을 자기 얼굴로 착각한 배우처럼, 무대가 바뀌는 순간 정체성은 공중에 흩어진다.

최근 심리학 연구는 직업 상실이 단순한 소득 상실보다 더 큰 심리적 충격을 남긴다고 지적한다. 2022년 유럽 사회조사(ESS)[3]에서는 실직자 집단이 경험하는 우울감과 자존감 저하가 단순 경제적 곤궁을 넘어, "사회적 존재로서 인정받지 못한다는 느낌"에서 비롯된다고 분석했다.

즉, 돈을 잃는 것보다 더 치명적인 것은 "나는 누구인가"라는 질문 앞에 답을 잃는 순간이다.

안정된 커리어는 존재하지 않는다

정체성 위기의 밑바탕에는 '커리어 착시'가 있다. 사람들은 여전히 "좋은 대학을 나오면 안정된 직장이 보장된다", "한 회사에서 성실히 근무하면 인정받는다"라는 믿음을 갖고 있다.

그러나 통계는 정반대의 현실을 보여 준다. 2024년 통계청 자료에 따르면, 한국 20대와 30대 직장인의 평균 이직 횟수는 2.7회였다. 이는 과거 10년 전보다 두 배 가까이 늘어난 수치다. 특히 IT 업계는 3년 이상한 회사에 남아 있는 경우가 드물다. 실리콘밸리에서는 평균 근속 연수가 2년을 밑도는 기업이 많고, 한국 스타트업 업계 역시 "3년 버티기"가 하나의 관용어처럼 쓰인다. 그럼에도 많은 사람들은 여전히 "안정된 커리어"라는 착시를 붙잡고 있다. 취업포털 잡코리아가 2024년에 발표한 조사에서는 흥미로운 결과가 나왔다. 구직자 10명 중 6명이 "대기업 취업이 안정적 커리어의 핵심"이라고 답했지만, 정작 대기업 근로자의

---

3 European Social Survey (ESS). (2022). 실직자 집단의 정신건강 및 사회적 인정감 관련 분석

48%는 "지금 회사가 내 커리어를 보장하지 않는다"고 답했다. 바깥에서는 여전히 안정의 상징처럼 보이지만, 내부에서는 이미 안전망이 붕괴되었음을 체감하고 있는 것이다.

이 착시는 어디서 비롯된 것일까? 크게 두 가지 역사적 배경이 있다.

첫째, 산업화와 근대 조직의 발달이다. 대규모 기업과 국가기관은 구성원을 '회사 사람, 가족 또는 국가(의 일을 하는) 사람'으로 규정하며 동일한 정체성을 부여했다. "삼성맨", "현대인"은 단순한 소속 표기가 아니라 하나의 인생 서사를 대신했다. 이 과정에서 직업은 개인을 넘어 집단적 정체성의 매개체가 되었다.

둘째, 근대교육 제도의 구조다. 학교는 아이들에게 "좋은 직업 = 행복하고 편한 삶"이라는 공식을 반복적으로 주입했다. 시험과 입시, 성적은 결국 직업으로 향하는 관문이었고, 부모 세대 역시 직업을 자녀의 정체성으로 삼고 살아왔다. 그 결과, 직업은 마치 사회가 공식적으로 보증하는 이름표가 되었다. 이 믿음은 오랫동안 우리 사회에서 오랫동안 효율적으로 작동했다. 그러나 바로 그 효율성이야말로 착시의 본질이었다. 안정적이라고 믿었던 직업 구조가 해체되자, 동일시는 위기로 바뀌었다.

'나는 무엇으로 정의되는가?'라는 질문

정체성의 위기는 단순히 직업이 사라졌다는 사실에서 오는 것이 아니다. 그것은 자기 존재를 설명할 언어가 사라지는 데서 비롯된다. 2024년 한 글로벌 HR컨설팅 회사의 조사에 따르면, 직장을 떠난 직장인 10명 중 7명이 "자신을 소개할 때 무엇이라 말해야 할지 모르겠다"고 답했다. 과거에는 "저는 ○○은행 부장입니다"라는 문장이 자연스러웠지만, 지금은 직장명이 빠진 순간 자신을 설명할 방법을 찾지 못한다. '나는 무엇으로 정의되는가?'라는 질문 앞에서 많은 이들이 공허함을 느낀다. 이 혼란은 특히 중년층에서 크게 나타난다. 50대 이후 직장을 떠난 사람들이 '은퇴 후 우울증'을 겪는 주요 원인 가운데 하나가 바로 정체성의 상실이다. 일은 단순히 소득을 의미하지 않았다. 그것은 자기 존재를 사회 속에 위치시키는 좌표였다. 그 좌표가 사라진 순간, 사람들은 마치 지도 없는 항해자가 된 듯 방황한다.

세대별 다른 태도

흥미로운 점은, 이 정체성 위기가 모든 세대에게 동일하지 않다는 것이다. 기성세대는 직장 = 자기 자신이라는 공식을 몸으로 체득했기 때문에, 직장을 잃는 순간 곧바로 정체성의 위기에 빠진다. 반면 MZ세대는 처음부터 조직에 자신을 동일시하지 않는다.

2023년 한국고용정보원의 조사에 따르면, 20~30대 직장인의 62%가 "회사가 내 인생의 중심이 될 수 없다"고 답했다. 그들에게 직장은 생계 수단일 뿐, 자기 정체성은 오히려 취미, 사이드 프로젝트, 온라인 활동 속에서 형성된다. 유튜브 채널 운영자, 디지털 아티스트, 동호회 활동가 같은 정체성이 회사 직함보다 더 중요한 자기 설명 방식이 된다. 이는 긍정적이면서도 위험하다. 긍정적인 이유는, 조직 의존도를 낮추고 자기 정체성을 다원화하는 것이 불안정한 시대에 더 유연하게 살아남는 방법이 될 수 있기 때문이다. 그러나 동시에 일과 정체성의 분리가 너무 빠르게 일어나면서 직무 몰입이나 사회적 책임감이 약화될 수 있다는 점은 다소 약점으로 보일 수 있다는 점을 알게 된다.

글로벌한 정체성 위기

정체성 착시와 위기는 한국만의 현상이 아니다. 2023년 영국 옥스퍼드대 사회학 연구팀은 "중산층 전문직의 붕괴가 정체성 위기를 초래한다"는 보고서를 발표했다. 보고서에 따르면, 1980년대에는 교사·간호사·공무원이 사회적 존경과 안정성을 동시에 갖춘 직업군이었지만, 2020년대에는 이 직업군 종사자 60% 이상이 "사회적 존중이 줄었다"고 답했다. 안정성과 존중을 동시에 잃으면서, 이들의 직업적 자부심이 흔들리고 있었다.

미국에서도 빅테크 해고 이후 직원들의 정체성 위기가 사회문제가 되고 있다. 뉴욕타임스는 2023년 특집 기사에서 "실리콘밸리 엔지니어들이 회사를 잃은 순간, 자기 정체성의 절반을 잃었다"고 보도했다. 고소득과 명성을 기반으로 하던 정체성은 해고 통보 한 장으로 무너졌다.

착시를 깨야 새로운 정체성이 생긴다

이제 필요한 것은 착시를 깨는 일이다. 안정된 커리어, 평생직장, 직장명이 곧 자기 존재라는 믿음은 이미 현실과 맞지 않는다. 그러나 많은 이들은 여전히 그 착시에 의지한다. "조금만 더 버티면 다시 안전해질 것이다"라는 기대가 계속 사람들을 붙잡는다. 문제는 이 착시가 오래될수록 정체성 위기는 더 깊어진다는 점이다. 정체성을 직장과 동일시하는 사고는 위험하다. 조직은 언제든 해체되고, 직장은 언제든 사라질 수 있다. 그렇다면 자기 자신을 정의하는 좌표는 더 이상 회사 로고 위에 있어서는 안 된다. 새로운 정체성은 개인이 선택하고, 만들어내야 한다.

정체성 위기의 해법은 단순하지 않다. 그러나 방향은 분명하다. 이제 개인은 더 이상 직무나 회사명으로 자신을 설명할 수 없다. 대신 **자신이 어떤 가치를 창출하는 사람인지, 어떤 이야기를 만들어 내는 사람인지**로 정체성을 다시 설계해야 한다.

일은 단순히 돈을 버는 수단이 아니라, 자기 존재를 사회 속에 드러내는 행위다. 그러나 이 드러냄이 더 이상 회사라는 울타리 안에서만 이뤄지지 않는다. 개인이 운영하는 온라인 채널, 사이드 프로젝트, 커뮤니티 활동은 새로운 정체성의 기반이 되고 있다.

2024년 서울대 사회발전연구소 보고서를 보면, 20대 청년 10명 중 7

명은 **"회사에서의 직급보다 온라인에서의 활동이 나를 더 잘 설명한다"**고 답하고 있다. 이는 정체성의 좌표가 이미 회사 밖으로 이동했음을 보여 준다.

커리어 착시와 정체성 위기는 단순한 세대 현상이나 일시적 충격이 아니다. 그것은 우리가 오랫동안 직업에 지나치게 의존해 왔다는 구조적 진실을 드러낸다. 직업은 변할 수 있고, 회사는 언젠가는 해체된다. 그러나 정체성은 여전히 필요하다. 그 공백을 무엇으로 채울지 결정하지 못하면, 사람은 방향을 잃는다. 이제 필요한 것은 착시를 직시하는 용기다. 직업이 곧 나라는 믿음을 버릴 때, 우리는 오히려 더 근원적인 자기 정의에 도달할 수 있다. "나는 어떤 직업을 갖고 있는가?"가 아니라, "나는 어떤 삶을 살고 있는가?"라는 질문으로 바꾸어야 한다.

커리어가 무너질수록, 이 질문은 더 절박해진다. 그리고 바로 이 질문에 답할 수 있는 사람이, 해체의 시대에도 흔들리지 않는 정체성을 지닐 수 있게 된다.

위기의 본질
– 기술이 아닌 인간의 고정관념

“새로운 시대를 살아남는 데 가장 위험한 것은
새로운 도구가 아니라, 옛 사고방식을 고집하는 것이다.”

— 앨빈 토플러

많은 사람들이 위기의 원인을 기술에서 찾는다. “AI 때문에 내 일이 사라졌다. 자동화 때문에 일자리가 줄었다”라는 말은 오늘날 직장인들이나 최근 회사를 떠난 사람들의 흔한 푸념이다. 그러나 실제로 근본적인 원인을 자세히 들여다보면, 위기의 본질은 기술이 아니라 언제나 인간의 고정관념에 있었다는 것을 알게 된다. 변화의 순간마다 기술은 새로운 길을 열었지만, 그 길을 보지 못하거나 두려움에 사로잡힌 사람들은 언제나 동 시대 다른 사람들보다 뒤처진 삶을 살았다.

기술은 위기의 원인이 아니다

2007년 스티브 잡스가 첫 아이폰을 세상에 내놓았을 때, 그 자리에 있던 사람들은 박수를 치면서도 반신반의했다. 이미 전 세계 휴대전화 시장을 지배하고 있던 노키아와 모토로라는 자신들의 제국이 흔들릴 것이라고 생각하지 않았다. 그들에게 휴대전화는 여전히 통화와 문자라는 기본 기능이 핵심이었고, 소비자들도 물리적 버튼을 선호한다고 확신했다. 그들은 아이폰을 "시장 틈새의 장난감"으로 치부했다. 그러나 불과 몇 년이 지나지 않아, 노키아는 몰락했고, 스마트폰을 중심으로 한 새로운 질서는 완전히 자리를 잡았다. 기술이 회사를 파괴한 것이 아니라, "사람들은 예전 방식을 고수할 것"이라는 경영진의 고정관념이 회사를 무너뜨린 것이다.

이 사례는 오늘날의 AI 위기와 놀라울 정도로 닮아 있다. 많은 사람들은 AI가 일자리를 빼앗고 인간을 무력하게 만들 것이라 두려워한다. 그러나 실제로 위기를 만드는 것은 AI가 아니라, 그것을 어떻게 받아들이느냐에 달려 있다. 기술은 언제나 인간이 선택하는 방식에 따라 기회가 되거나 위기가 된다.

70~80년대 사진 산업의 거인이었던 코닥은 디지털 카메라를 가장 먼저 개발한 기업 중 하나였다. 그러나 코닥은 이 기술을 스스로 시장에 내놓기를 두려워했다. 자신들이 지배하고 있던 필름 사업이 무너질까 걱정했기 때문이다. 그래서 디지털을 억눌렀고, 결과적으로 디지털 카메라와 스마트폰 카메라가 시장을 장악하면서 코닥은 파산에 이르렀다. 아이러니하게도 코닥이 몰락한 것은 기술을 몰라서가 아니라, 알고도 받아들이지 않았기 때문이다. 기술이 아니라, 변화에 저항하는 인간

의 마음이 회사를 무너뜨린 것이다.

반대로, 기술을 두려움이 아니라 기회로 해석한 기업과 개인은 새로운 시대의 승자가 되었다. 넷플릭스는 한때 DVD 대여 서비스에 불과했다. 그러나 인터넷 스트리밍이 막 태동하던 시기에, 경영진은 "사람들은 여전히 오프라인에서 영화를 빌리기를 원한다"는 주류의 믿음을 거부했다. 대신 온라인으로 발빠르게 전환했고, 오늘날 글로벌 콘텐츠 시장의 제국을 세웠다. 반면, 당시 업계 최강자였던 블록버스터는 변화에 적응하지 못하고 파산했다. 같은 기술, 같은 환경이었지만, 누군가는 그것을 기회로 읽고, 누군가는 위기로만 해석했다. 결국 생존의 갈림길은 기술이 아니라 인간의 고정관념에 있었다.

기술의 본질은 언제나 중립적이다

AI가 보고서를 작성하고, 데이터를 분석하고, 심지어 창의적인 디자인 초안까지 제시하는 시대가 되었다. 많은 이들은 "내 자리가 없어질 것"이라는 두려움에 사로잡혀 손을 놓는다. 그러나 다른 이들은 이 변화를 활용해 자신을 업그레이드한다. 실제로 2024년 한국의 한 스타트업에서는 마케팅 팀이 생성형 AI를 활용해 광고 카피와 이미지 제작을 자동화했다. 그 결과 직원 한 명이 과거 다섯 명이 하던 일을 소화할 수 있었다. 그러나 이 직원은 단순히 효율을 늘린 데 그치지 않았다. AI가 만들어 준 시간을 활용해 새로운 마케팅 전략을 기획했고, 결과적으로 회사의 성장을 이끌어 내며 본인 역시 단숨에 업계의 실력자로 이름을 알리게 되었다. 같은 기술을 앞에 두고도, 어떤 이는 위축되고, 어떤 이는 기회를 잡는다.

전기를 처음 마주했을 때도 그랬다. 19세기 말, 전등이 등장했을 때 일부 공장주들은 "가스등으로도 충분하다"며 전기를 거부했다. 그러나 전기를 받아들인 공장들은 24시간 생산 체제를 구축할 수 있었고, 생산성은 기하급수적으로 증가했다. 전기를 거부한 기업들은 결국 경쟁에서 밀려났다. 기술의 위력이 아니라, 그것을 외면하거나 받아들이는 태도가 결과를 갈랐다. 오늘날의 AI 역시 마찬가지다. AI가 인간의 자리를 빼앗는 것이 아니라, 인간이 AI를 어떻게 받아들이느냐가 관건이다. 변화에 저항하며 기존의 방식에만 집착한다면, 그 순간 기술은 위기가 된다. 그러나 그것을 학습하고 활용해 자기 역량을 확장한다면, 기술은 강력한 동반자가 된다.

2024년 한국고용정보원의 조사에 따르면, "AI가 내 일자리를 위협한다"고 답한 응답자는 62%에 달했다. 그러나 같은 조사에서 "AI를 학습해 새로운 기회를 만들겠다"고 답한 응답자는 25%에 불과했다. 이 숫자가 말해 주는 것은 간단하다. 기술이 위기가 되는 것은 그것이 무서워서가 아니라, 대부분의 사람들이 그 가능성을 활용하지 못하기 때문이다.

철학자이자 '악의 평범성(The banality of Evil)' 개념으로 유명한 작가

한나 아렌트[4]는 "우리는 하는 일이 곧 우리 자신이라고 믿어왔다. 그러나 일이 바뀌면, 나는 누구인가?"라고 물어본다. 위기의 본질은 기술이 아니라, 변화하는 현실 속에서 자신의 정체성을 재구성하지 못하는 인간의 고정관념이다. 스스로를 특정한 직업과 동일시하는 사람은 그 직업이 사라지는 순간, 존재의 근거까지 잃어버린다. 반대로, 직업을 자신을 표현하는 수많은 도구 중 하나로 바라보는 사람은 기술 변화 속에서도 새로운 길을 찾는다.

역사를 돌이켜 보아도, 기술이 인간을 무너뜨린 적은 없었다. 인쇄술이 수많은 필경사를 일자리에서 몰아냈지만, 동시에 저널리스트와 출판업이라는 새로운 산업을 열었다. 철도가 마차 산업을 축소시켰지만, 운송업과 관광업을 성장시켰다. 인터넷이 오프라인 상점을 줄였지만, 동시에 전자상거래와 글로벌 시장을 창조했다. 기술은 언제나 낡은 것을 무너뜨리지만, 새로운 것을 동시에 만든다. 위기를 만든 것은 기술이 아니라, 기존의 낡은 세계에만 집착한 인간의 고정관념이었다.

오늘 우리에게 필요한 것은 기술을 두려워하는 것이 아니라, 그것이 가져올 새로운 가능성을 미리 준비하는 태도다. 기술은 우리의 삶을 파괴하지 않는다. 우리의 사고방식이, 우리의 고정관념이 스스로를 무너뜨린다. 커리어 해체의 진짜 위기는 AI가 아니라, 변화하는 세상 속에

---

4 한나 아렌트(Hannah Arendt, 1906 - 1975). 미국의 학자이자 연구가. 독일 출신
유대계로 20세가 가장 영향력 있는 정치이론철학자. 저서 『예루살렘의 아이히만』 '악의 평범
성'에서 자기가 하고 있는 일에 끊임없이 의문을 제기하지 않는 평범한 사람은, 부당한 권위에
도 의문을 제기하지 않고 그 권위에 동조되어 언제든지 악을 저지를 수 있는 잠재성을 지니고
있다'라는 개념으로 유명함.

서 자기 자신을 확장하지 못하는 우리 스스로의 갇힌 태도다.

　따라서 진짜 생존 전략은 기술의 속도를 탓하는 것이 아니라, 내 고정관념을 깨는 것이다. 노키아와 코닥이 무너진 이유는 기술이 아니라, 자신들이 만든 낡은 성공 공식에 집착했기 때문이다. 반대로 넷플릭스와 애플은 기술을 기회로 해석하며 새로운 세계를 열었다. 우리 역시 같은 선택 앞에 서 있다. AI는 단지 도구일 뿐이다. 그러나 그 도구를 위기로 만들지, 기회로 만들지는 전적으로 우리의 태도에 달려 있다. 결국 위기의 본질은 기술이 아니라 인간의 고정관념인 셈이다.

세대 균열과 새로운 기대치

"모든 세대는 다음 세대를 경멸하지만,
결국 다음 세대가 새로운 시대를 만든다."

— 조지 오웰

최근 SNS를 떠들썩하게 했던 대기업 회의실의 흥미로운 장면을 살펴보자. 부서 전체회의에서 50대 중반의 부장이 "회사는 개인보다 먼저다. 회사를 위해 희생해야 한다"고 강조하자, 신입으로 입사한 지 1년 남짓 된 20대 직원이 조심스레 손을 들고 말했다. "저는 회사가 제 인생보다 먼저일 수는 없습니다. 저는 제 커리어와 삶을 위해 이 회사를 선택한 것이지, 회사가 저를 선택한 것이 아니라고 생각합니다." 회의장은 잠시 정적에 휩싸였다. 이 짧은 대화는 한국 사회 직장 안에 켜켜이 쌓여 있던 **세대 간 인식 차이**를 극명하게 드러낸 사건이었다.

이 갈등은 단순한 불화가 아니라 구조적 전환의 징후다. 한 공간 안에 서로 다른 시대의 가치관을 가진 세대가 공존하면서, 커리어를 둘러싼 균열은 점점 더 깊어지고 있다. 특히 '커리어의 해체'라는 거대한 변화 속에서, 각 세대가 품는 **기대치의 차이**는 조직과 개인의 관계를 송두리째 바꾸고 있다.

기대치의 전환: ‘집’에서 ‘플랫폼’으로

베이비붐 세대와 X세대 초반부에게 회사는 곧 ‘집’이었다. 1970~90년대 한국의 압축 성장기 동안 직장은 곧 안전망이었고, 조직은 개인의 정체성을 규정했다. 당시의 기대치는 단순했다. **성실하게 오래 버티면 회사가 미래를 책임져 줄 것**이라는 믿음이었다. 실제로 기업들은 복지와 연공서열, 퇴직금 제도를 통해 이 믿음을 공고히 했다. 그러나 밀레니얼과 Z세대에 이르러 회사는 ‘집’이 아니라 **일시적 플랫폼**이 되었다.

2024년 인크루트 조사에 따르면, 20대 직장인 중 63%가 "현재 직장을 평생 다니지 않을 것"이라고 답했다. 30대 초반까지도 절반 이상이 "5년 안에 이직을 계획한다"고 밝혔다. 이들의 기대치는 "회사가 나를 지켜 줄 것"이 아니라, "이 회사에서 내가 무엇을 얻고, 언제 떠날 것인가"에 맞추어져 있다.

베이비붐 세대: 안정과 충성의 시대

1990년대까지 대기업 정규직은 평균 근속연수가 20년 이상이었다.

이들에게 커리어는 곧 '오래 버티는 것'이었고, 그 안에서 충성과 희생은 미덕으로 여겨졌다.

하지만 이 모델은 IMF 외환위기 이후 사실상 붕괴했다. 문제는 여전히 많은 베이비붐 세대가 "충성 = 안전"이라는 공식을 신념처럼 붙들고 있다는 것이다. 고용안정성이 사라진 시대에도 여전히 "버티면 언젠가 인정받을 것"이라 믿는 태도는 현실과 괴리되어 있다. 그 결과 은퇴 직전까지도 고용 불안과 경제 불안에 시달리는 아이러니가 나타난다.

X세대: 이상과 현실 사이의 균열

1970~80년대에 태어난 X세대는 부모 세대의 충성을 목격했지만, IMF와 함께 성인이 되었다. 이들은 입사 초기부터 구조조정과 불안을 경험했다. 한편으로는 안정된 커리어를 원했지만, 다른 한편으로는 '조직이 결코 나를 끝까지 책임지지 않는다'는 사실을 뼈저리게 느꼈다.

2023년 한국고용정보원 조사에 따르면, 40대 직장인의 61%가 "나는 회사에 충성하지 않는다"고 답했다. 그러나 같은 집단에서 54%는 "안정된 고용을 원한다"고도 답했다. 충성과 독립성 사이에서 끊임없이 줄다리기하는 모순이 바로 X세대의 특징이다. 이들은 여전히 조직에서 승진을 원하면서도, 동시에 "퇴사 후 다른 길"을 준비하는 이중적 태도를 보인다.

밀레니얼 세대: 자율성과 성취

1980년대 후반~1990년대 중반에 태어난 밀레니얼 세대는 조직을 '성취의 무대'로 인식한다. 그들에게 직장은 단순한 생존 수단이 아니라, 자기 성장과 자율성을 보장하는 공간이어야 한다. 한국갤럽의 2024년 조사에 따르면, 밀레니얼 직장인의 72%가 "승진보다 자기계발 기회가 더 중요하다"고 답했다. 승진이라는 전통적 사다리보다는, 개인의 포트폴리오와 학습 기회를 중시하는 태도가 뚜렷하다.

이들은 조직의 요구보다 자기 삶의 균형을 더 중시한다. 워라밸(Work-Life Balance)이라는 단어는 이 세대의 가치관을 상징한다. 단순히 일찍 퇴근하고 휴가를 즐기자는 것이 아니라, "일이 내 삶의 전부가 되어서는 안 된다"는 근본적 선언이다. 따라서 회사가 워라밸을 보장하지 않으면 언제든 떠날 준비가 되어 있다.

Z세대: 경계 없는 존재

1990년대 후반 이후 태어난 Z세대는 처음부터 디지털 환경 속에서 자라났다. 이들은 직업과 취미, 학습과 놀이 사이의 경계를 느끼지 않는다. 유튜브 채널 운영, 틱톡 활동, 온라인 크리에이터 활동이 곧 직업이기도 하고, 자기 표현의 수단이기도 하다.

2024년 한 취업포털 조사에서 Z세대 구직자들의 68%가 "나는 직업을 한 가지로 정의하지 않겠다"고 답했다. 이들은 '다중 커리어'를 전제로 삶을 설계한다. 낮에는 스타트업에서 일하고, 저녁에는 디지털 아트 작업을 하며, 주말에는 온라인 강의를 제작하는 방식이 자연스럽다. 전통적 사다리 개념은 이 세대에게 전혀 설득력이 없다.

세대 간 충돌: 같은 공간, 다른 시간

문제는 이 서로 다른 세대가 같은 사무실, 같은 회의실에서 함께 일한다는 것이다. 베이비붐 세대와 X세대는 충성과 버팀을 강조하지만, 밀레니얼과 Z세대는 자율성과 이동성을 중시한다. 그 결과 조직 내에서 끊임없는 갈등이 발생한다.

2023년 한국고용정보원의 조사 결과, 50대 이상 직장인의 72%가 "조직의 성장을 위해 개인이 희생해야 한다"고 답한 반면, 20대 직장인 중 같은 답을 한 비율은 14%에 불과했다. 대신 20대의 68%는 "조직은 개인의 성장을 지원해야 한다"고 응답했다. 같은 '회사'라는 공간에서, 전혀 다른 언어가 사용되고 있는 것이다. 또한 2024년 딜로이트의 글로벌 밀레니얼·Z세대 보고서 역시, 응답자의 60% 이상이 "회사가 내 가치관과 맞지 않으면 언제든 그만둘 수 있다"고 답했다. 반대로 기성세대는 "가치관이 맞지 않아도 회사가 주는 안정 때문에 참고 다닌다"는 비율이 압도적이었다.

일본은 한국보다 먼저 세대 균열을 경험했다. 2000년대 이후 불황 속에서 청년 세대는 소비와 출세에 무관심해졌고, '사토리 세대(깨달음을 얻은 세대)'라는 별명이 붙었다. 이들은 "큰 회사에 들어가 출세해야 한다"는 부모 세대의 기대를 거부했다. 대신 자신이 원하는 작은 삶, 균형 잡힌 삶을 선택했다. 이 과정에서 일본 기업은 심각한 인재 유출을 경험했고, 결국 채용과 인사 제도를 개편해야 했다. 이 사례는 한국의 MZ세대와 놀랍도록 닮아 있다.

그러나 세대 균열은 위기인 동시에 기회이기도 하다. 젊은 세대의 기대치는 기존 제도와 맞지 않지만, 새로운 조직 운영 방식을 촉진한다. 예컨대 원격근무와 유연근무제는 기성세대에게는 낯설지만, 젊은 세대에게는 기본 조건이다. 이를 수용한 기업은 오히려 더 다양한 인재를 확보할 수 있다.

또한 Z세대의 "가치 중심" 태도는 ESG 경영, 소셜벤처, 임팩트 투자 같은 새로운 산업과 조직 모델을 부상시켰다. 이는 단순한 트렌드가 아니라, 세대의 요구가 산업을 바꾸는 사례다.

세대 균열을 극복하는 방법은 하나다. "누가 옳은가"를 따지는 것이 아니라, 서로 다른 기대치를 인정하고 새로운 균형점을 찾는 것이다. 기성세대가 가진 경험과 헌신은 여전히 소중하다. 동시에 젊은 세대가 요구하는 자율성과 성장의 기회는 앞으로의 시대를 살아가는 데 필수적이다.

조직은 이 둘을 대립시키는 대신, "서로 다른 기대치를 자산으로 전환하는 구조"를 만들어야 한다. 예컨대 멘토링 프로그램을 단순한 지식 전달이 아니라, 세대 간 쌍방향 학습으로 바꾸는 것이다. 실제로 2024년 한국의 한 IT 기업은 '리버스 멘토링'을 도입했다. 젊은 직원이 디지털과 AI 활용법을 임원에게 가르치고, 임원은 경영 철학과 전략적 사고를 전수했다. 이 과정에서 세대는 대립이 아니라 상호 보완적 관계로 재구성되었다. 세대 간 균열은 피할 수 없는 현실이다. 서로 다른 시대를 살았고, 서로 다른 기대치를 가졌기 때문이다. 그러나 이 균열을 단순히 위기로만 본다면 조직도, 개인도 살아남을 수 없다. 오히려 이 차이를 통해 새로운 가능성을 발견해야 한다.

다가올 10년은 직업의 해체와 AI의 확산이 만들어 낸 격동의 시기다. 이 속에서 가장 중요한 자산은 세대의 차이를 자원으로 바꾸는 능력이다. 기성세대가 준 경험의 깊이와 젊은 세대가 가진 미래 지향성을 함께 엮어 낼 때, 비로소 새로운 질서 속에서 생존할 수 있다.

세대 균열은 위기가 아니다. 그것은 미래를 여는 힘이다. 조직은 그 힘을 두려워할 것이 아니라, 길들이고 확장해야 한다. 왜냐하면, 결국 새로운 시대를 만드는 것은 언제나 다음 세대이기 때문이다.

붕괴의 일상화
- 표준이 된 불확실성

서울의 한 40대 직장인은 매일 아침 출근길마다 휴대폰으로 뉴스를 확인한다. 오늘도 혹시 "구조조정, 조직 슬림화, 디지털 전환"과 같은 단어가 자기 회사 이름과 함께 등장하지는 않았을까 긴장하면서. 회사 건물은 여전히 서 있고, 팀장은 평소처럼 지시를 내리지만, 불안은 사라지지 않는다. 불확실성이 이제는 이례적 사건이 아니라 일상의 공기처럼 스며들었기 때문이다.

사건이 아니라 '상수'가 된 붕괴

과거에 "붕괴"라는 단어는 특별한 위기를 설명하는 데 사용됐다. 전쟁, 금융위기, 대규모 파산 같은 드문 사건들. 그러나 지금은 다르다.

직업 세계에서의 붕괴는 드문 사고가 아니라 상수가 되었다. 어느 한 산업의 위기가 곧 다른 산업으로 확산되고, 특정 기업의 위기가 곧 개인의 커리어 붕괴로 직결된다. 2020년대 초반 한국의 항공 산업이 팬데믹으로 사실상 마비되었을 때, 국제선 비행은 멈추고, 수천 명의 승무원과 조종사들이 하늘에서 지상으로 내려왔다. 과거 같으면 일시적 충격으로 끝났을 사건이었지만, 항공업계는 회복되지 못한 채 구조조정과 사업 다각화 속으로 빠져들었다. 항공사 직원의 상당수는 결국 호텔, 물류, 교육 같은 전혀 다른 업계로 이동해야 했다. 단일 사건이 아니라, 직업의 붕괴가 일상화된 시대의 전형적인 사례였다.

불확실성의 표준화

한국고용정보원의 2024년 보고서에 따르면, 직장인 10명 중 7명이 "자신의 직업이 10년 뒤에도 유지될 것이라고 확신하지 못한다"고 답했다. 특히 20대와 30대에서 그 비율은 80%에 달했다. 직업 안정성은 더 이상 당연한 전제가 아니다. 젊은 세대는 '회사에 오래 다닌다'는 말을 진지하게 받아들이지 않는다. 대신 "내 커리어는 언제든 다시 시작될 수 있다"는 불확실성을 기본값으로 받아들인다. 이 변화는 단지 고용 불안의 문제가 아니다. **불확실성이 표준이 되면서** 삶의 사고방식 자체가 달라지고 있다. 과거에는 "10년 뒤를 계획하라"는 말이 경력 설계의 기본 원칙이었다. 하지만 지금은 "내일의 일을 대비하라"는 말이 더 현실적이다.

새로운 불안의 풍경

이러한 붕괴의 일상화는 직업의 언어와 문화까지 바꾸고 있다. 한때 "정규직"이라는 단어는 곧 안정과 동일시되었다. 하지만 이제 정규직조차 언제든 사라질 수 있는 임시적 지위로 여겨진다. "전문가"라는 호칭도 더 이상 영속적이지 않다. 기술이 빠르게 변하면서 5년 전의 전문성이 지금은 쓸모없는 경우가 많다. 심지어 "성공"이라는 단어도 흔들린다. 어제까지 성공의 상징이던 기업가가 하루아침에 몰락하고, 새로운 스타트업이 순식간에 시장을 장악한다. 성공이 지속되는 시간 자체가 급격히 짧아진 것이다. 2021년 중국의 차량공유 플랫폼 **디디추싱**[5]은 뉴욕 증시에 상장하자마자 규제 당국의 제재를 받아 앱스토어에서 삭제되었다. 불과 며칠 만에 수천 명의 직원과 수백만의 드라이버들이 생계 불안을 겪게 되었다. 그들에게 안정은 환상이었고, 규제 한 줄이 삶을 송두리째 바꾸어 놓았다.

한국의 게임업계도 마찬가지다. 한때 'PC방 황제'로 불리던 온라인 게임들이 모바일로의 전환을 놓치면서 급속히 몰락했다. 10년, 20년 안정적이라고 믿었던 개발자들의 커리어는 단기간에 붕괴되었다. "게임 회사에 들어가면 평생 먹고 살 수 있다"던 믿음은 더 이상 통하지 않는다.

---

5 디디추싱(滴滴出行, Didi Chuxing). 중국을 대표하는 차량 호출 및 공유 서비스앱으로, 중국판 우버로 불리며 중국 내 시장 점유율이 90% 이상에 달하는 글로벌 최대 차량공유 플랫폼 중 하나.

왜 붕괴가 일상화되었을까?

기술 변화의 속도는 과거와 비교할 수 없을 정도로 가파르다. 산업혁명 시기의 전환이 수십 년에 걸쳐 서서히 진행되었다면, 지금은 불과 1~2년 만에 산업 구조 전체가 뒤집히곤 한다. 여기에 글로벌 경제의 상호연결성이 더해지면서 한 국가의 위기가 즉시 전 세계 공급망을 흔들고, 기업과 개인의 일자리에 직격탄을 날린다. 무엇보다도 조직의 책임은 급격히 축소되었다. 과거 기업이 '종신고용'이라는 사회적 계약을 지켰다면, 이제 기업은 언제든 "필요 없는 인력"을 줄이는 결정을 주저하지 않기 때문이다.

중요한 것은 이 불확실성을 **비극으로만 볼 필요가 없다는 점**이다. 불확실성이 표준이 된 시대에는 오히려 그것을 전제로 한 새로운 전략이 필요하다. 우선 장기 계획 대신, 단기 학습과 빠른 전환이 필요하고, 안정된 조직에 매달리기보다, 개인의 기술과 네트워크에 투자해야 한다. 마지막으로 불확실성을 피하려 하지 말고, 그것을 새로운 기회로 전환해야 한다.

실제로 한국의 한 30대 직장인은 대기업에서 구조조정으로 퇴직한 뒤, 데이터 분석을 배우기 시작했다. 1년 만에 그는 프리랜서 프로젝트를 통해 이전 연봉의 80%를 벌어들이게 되었고, 2년 뒤에는 오히려 더 높은 소득을 올렸다. 그의 말은 간단했다. "계단은 사라졌지만, 길은 더 많아졌다." 불확실성을 받아들이자 새로운 가능성이 열렸다는 것이다.

붕괴의 시대, 생존의 조건

붕괴가 일상화된 시대에 가장 위험한 태도는 **안정을 전제한 사고방식**이다. "이 회사는 안전하다", "이 직업은 영원하다"는 말은 이제 더 이상 유효하지 않다. 오히려 이런 확신이 가장 큰 착각이 된다. 진짜 생존의 조건은 불확실성을 전제로 삶을 설계하는 것이다. 직업이 언제든 무너질 수 있다는 사실을 인정하는 순간, 사람은 더 유연해지고, 더 민첩해진다. 커리어의 해체는 위기가 아니라, 다른 방식으로 살아야 한다는 신호일 뿐이다.

붕괴는 이제 이례적 사건이 아니다. 그것은 일상이 되었다. 불확실성은 더 이상 예외가 아니라 표준이다. 중요한 것은 그 **현실을 인정하는 용기**다. 안정에 대한 환상을 붙잡는 순간 우리는 무너진 계단 위에 서 있는 꼴이 된다. 그러나 불확실성을 당연한 전제로 받아들이면, 오히려 더 많은 길이 보인다. 새롭게 맞이할 시대 우리에게 필요한 것은 안정의 복원이 아니라 불확실성을 다루는 새로운 감각이다. 그것이 바로 붕괴의 시대를 살아가는 생존의 기술이며, 커리어 해체 이후를 준비하는 유일한 방법이다.

무엇으로 나를 증명할 것인가?

— 장 폴 사르트르

AI는 인간의 이름, 직급과 직책, 학력 같은 외부적 표식이 더 이상 충분한 증명이 되지 않는 시대로 우리를 밀어넣었다. 한때는 명문대와 대기업, 화려한 경력이 곧 개인의 정체성이자 실력의 보증서로 인정되기도 했다. 그러나 알고리즘은 학위와 경력을 가리지 않고 동일한 기준으로 능력을 판별하며, 플랫폼은 개인의 성취를 데이터와 결과물로만 측정한다. 앞으로 당신은 무엇으로 스스로를 증명할 수 있는가?

과거의 증명 방식은 이미 무너졌다

산업화 시대에는 졸업장이 곧 실력의 대리인이었다. 기업은 그 결과를 신뢰했고, 누군가의 이름 앞에 붙은 회사 명함은 곧 신분증이었다.

그러나 지금은 다르다. 넷플릭스의 번역가 채용처럼 지원자의 학위는 중요하지 않다. 번역 과제를 주고 결과물이 좋으면 뽑고 아니면 탈락이다. 스탠퍼드 박사라도 AI 번역기보다 못하면 설 자리가 없다. 증명의 기준이 외부적 표식에서 실질적 산출물로 이동한 것이다. 한때는 컴퓨터공학 전공 여부가 중요했지만 지금은 **깃허브(GitHub)**[6] 계정이 더 강력한 증명서다. 어떤 대학을 나왔는지보다 어떤 오픈소스 프로젝트에 기여했고, 코드가 얼마나 효율적이고 창의적인지가 채용의 기준이 된다. 과거의 명함은 더 이상 절대적인 증거가 아니다.

증명은 '결과'에서 '존재 방식'으로 옮겨 간다

AI가 반복적이고 정형화된 일을 대신하면서, 인간에게 요구되는 증명은 단순한 성과를 넘어 존재 방식에 달려 있다. 예를 들어, 같은 보고서를 작성하더라도 누구는 데이터를 기계적으로 정리하는 데 그치고, 누구는 그것을 스토리로 엮어 설득력 있는 내러티브로 만든다. 전자는 AI가 더 빠르고 저렴하게 대체할 수 있지만, 후자는 맥락과 감각이 필요하다. 당신이 증명해야 하는 것은 결과물의 양이 아니라 그것을 만들어 내는 과정에서 드러나는 통찰, 연결, 감각이다. 이제는 살아가는 방식 자체가 증명이 되는 것이다.

회사에서는 끊임없이 나의 역량과 성과에 대한 결과를 증명해야 한

6　깃허브(GitHub). 텍스트 명령어 입력방식인 깃 저장소 호스팅을 지원하는 웹서비스.

다. 한때는 연차와 직급이 당신을 대신 증명했지만, 지금은 회의 자리에서 내놓는 한 문장, 문제를 바라보는 관점, 협업 속에서의 태도가 당신을 설명한다. 예를 들어, 한 글로벌 전략 컨설팅 회사에서 신입 컨설턴트와 10년 차 컨설턴트가 동시에 같은 프로젝트를 맡았다고 하자. 클라이언트가 가장 신뢰한 것은 직급이 아니라 "처음 보는 문제를 얼마나 빠르게 구조화해 접근하느냐"였다. 신입이 의외로 명확한 질문을 던져 프로젝트의 방향을 바꿨다면, 그 순간 10년의 경력이 아니라 지금의 통찰이 그 사람을 증명한다.

음악계에서 이런 사례는 흔하게 찾아볼 수 있다. 유튜브와 사운드 클라우드의 시대에 음반사와 계약하지 않아도, 공연 경력이 없어도, 한 곡의 음악으로 전 세계의 주목을 받는다. 과거라면 기획사 오디션 합격증이 증명서였다면, 지금은 단 한 번의 창작물이 곧 증명이다. 이 구조는 직업 전반으로 확산된다.

증명은 비교가 아니라 고유성에서 나온다

증명을 시험 성적이나 남과의 경쟁으로만 이해하면 함정에 빠진다. AI는 인간보다 더 빠르고 정확하게 문제를 푼다. 따라서 "얼마나 잘 푸는가"로는 AI와 겨룰 수 없다. 남보다 앞선 증명이 아니라, 나만이 가진 고유성을 드러내는 증명이 필요하다.

예를 들어, 한 일본 장인이 만든 손뜨개 제품은 값비싼 기계가 수천 개 찍어 내는 공산품보다 비싸게 팔린다. 완벽하지 않음, 느림, 심지어 작은 흠조차도 '이 사람이 만들었다'는 증거가 된다. AI는 효율의 증거를 만들지만, 인간은 고유성의 증거를 만든다. 앞으로는 차별화된 경험, 독창적 시선, 인간적 감각이 증명의 핵심이 된다.

당신을 증명하는 것은 끊임없는 '변화와 실행'이다

증명은 한 번으로 끝나지 않는다. 과거의 업적은 시간이 지나면 빛을 잃는다. 어제의 성공이 오늘의 보증이 되지 않는 시대다. 마이크로소프트조차 클라우드 전환을 망설였다면 지금의 지위를 유지하지 못했을 것이다. 증명은 지속적으로 갱신되어야 하며, 멈추는 순간 무효가 된다.

한 스타트업 창업자가 말했다. "투자자들이 묻는 건 내가 어떤 대학을 나왔는지가 아니라, 오늘 내가 무엇을 만들고 있는가다." 이 말은 단지 창업자에게만 해당되지 않는다. 모든 직업인에게 오늘의 증명은 과거의 자격이 아니라 현재의 실행이다.

다시 한번 확인해 보자. "당신은 무엇으로 자신을 증명할 수 있는가?" 누군가는 여전히 학위나 직함을 내민다. 그러나 그것은 더 이상 설득력이 없다. 누군가는 성과 지표와 보고서를 내민다. 하지만 그것은 AI도 더 잘할 수 있다. 결국 남는 것은 존재 방식과 고유성, 지속적인 변화와 실행에 따른 결과이다.

증명이란 타인의 시선을 만족시키는 과정이 아니라, 스스로의 존재를 끊임없이 드러내고 새롭게 만드는 과정이다. AI 시대의 생존은 바로 여기에 달려 있다. 누군가의 언어를 빌리자면, "인간은 한 번 만들어지는 존재가 아니라, 끊임없이 만들어져야 하는 존재다." **증명은 과거의 서류가 아니라 현재 삶의 방식이다.**

2장

길드에서 AI까지: 커리어의 역사

길드에서 AI까지: 커리어의 역사

중세 유럽의 장인은 길드라는 제도 속에서 살았다. 길드는 단순한 직업 단체가 아니었다. 그것은 기술의 전수, 경제적 보호, 사회적 신분을 동시에 보장하는 거대한 안전망이었다. 견습생이 장인이 되려면 길드의 승인을 받아야 했고, 시장에서 물건을 팔 권리 또한 길드가 관리했다. 조합원은 경쟁으로부터 보호받는 대신 일정한 품질 기준을 지켜야 했고, 이는 안정적인 생계를 가능하게 했다. 그러나 산업혁명이 시작되자 상황은 무너졌다. 대량생산과 기계화는 장인의 기술을 빠르게 대체했고, 길드는 더 이상 생산과 시장을 통제할 수 없었다. 보호막이 사라지자 개인은 불안을 맞닥뜨렸지만, 역설적으로 이는 새로운 산업질서의 출발점이 되었다.

오늘날 플랫폼 노동의 확산은 길드의 붕괴와 닮아 있다. 우버, 배달

의민족, 쿠팡, 아마존 메커니컬 터크 같은 플랫폼은 노동을 조직하는 새로운 방식이다. 이곳에서 노동자는 더 이상 정규직 울타리 안에 있지 않다. 알고리즘이 일감을 배분하고, 고객 평판이 생존을 좌우한다. 중세 장인이 길드의 승인을 받아야 일할 수 있었듯, 오늘날 배달 기사나 프리랜서는 별점과 리뷰에 따라 다음 일감을 얻는다. 그러나 중요한 차이도 있다. 길드는 조합원의 생존을 보호하려 했지만, 플랫폼은 오로지 효율만을 추구한다는 점이다.

한국에서도 2023~2024년 '쿠팡 플렉스'와 배달 플랫폼의 급성장이 두드러졌다. 경기 침체와 구조조정으로 일자리를 잃은 수많은 사람들이 앱을 통해 노동시장에 진입했다. 전통적 고용계약은 없었지만, 휴대폰을 켜는 순간 일이 생겼다. 플랫폼은 마치 '새로운 길드'처럼 노동을 연결했으나, 사고나 질병 같은 위험에 대해서는 어떤 보호도 제공하지 않았다. 길드가 안전망이었다면, 플랫폼은 단지 연결망이었다.

그럼에도 사람들은 플랫폼으로 몰려들었다. 이유는 명확하다. 유연성과 선택권이다. 길드는 생존을 보장했지만 자유를 제약했다. 무엇을 만들고, 어떻게 팔지는 길드가 정했다. 반대로 플랫폼은 누구에게도 진입을 막지 않는다. 앱 설치와 등록만으로 참여할 수 있고, 원하는 시간에 접속하거나 끌 수도 있다. 심지어 여러 플랫폼을 동시에 오가며 일할 수도 있다. 길드 시대에는 상상할 수 없었던 자유다. 하지만 보호 없는 자유는 불안정으로 이어졌고, 착취의 위험도 커졌다.

글로벌 차원에서도 현실은 비슷하다. 미국의 우버 드라이버, 인도의 스와기 기사, 유럽의 딜리버루 라이더 모두 알고리즘의 평가와 고객 점수에 따라 생계가 좌우된다. 길드 규칙을 어기면 제명되던 것처럼, 낮은 점수는 곧 계정 정지로 이어진다. 차이는 운영 주체에 있다. 길드는 인간의 협의로 움직였지만, 플랫폼은 항의할 수도 협상할 수도 없는 코드가 지배한다. 노동자는 관리자 대신 보이지 않는 알고리즘과 싸워야 한다.

여기에 2022년 ChatGPT의 등장은 또 다른 해체를 불러왔다. AI는 단순 반복 노동을 넘어 지식노동까지 위협했다. 보고서 작성, 데이터 분석, 기초 코딩, 심지어 전략 수립까지 AI가 맡으면서 화이트칼라조차 안전지대를 잃었다. 과거 하나의 직무에 묶여 있던 업무가 세밀하게 분해되어 인간과 AI 사이에서 재조립되었다. 인간은 기획과 의미 부여 같은 부분에 집중하고, 나머지는 AI가 처리한다. 이제 생존의 기준은 'AI 문해력'을 갖추고 있느냐에 달려 있다.

그러나 해체는 끝이 아니라 시작의 역사를 이어 갔다. 길드의 해체는 산업혁명을 열었고, 공장의 해체는 대기업 커리어를 만들었다. 대기업 커리어의 붕괴는 플랫폼을 낳았고, 플랫폼의 한계는 AI라는 새로운 질서를 불러왔다. 커리어의 본질은 안정이 아니라, 변화 그 자체였다. 길드는 보호를 주었지만 자유를 제한했고, 대기업은 안정과 복지를 주었지만 창의성을 억눌렀으며, 플랫폼은 자유를 주었지만 보호를 거두어 갔다. AI는 생산성을 주었으나, 인간의 자리를 다시 흔들었다.

이제는 제도가 우리를 대신 지켜 주기를 기대할 수가 없으며, 개인은 스스로 생존할 수 있는 자산을 쌓아야 한다. 길드에서 플랫폼을 거쳐 AI 시대까지 이어진 변화를 통해, 커리어는 주어지는 것이 아니라, 매번 다시 써 내려가야 한다는 것을 분명히 인식해야만 한다.

길드와 도제의 질서
- 커리어의 기원

커리어라는 개념은 근대 이후의 산물이라고 여겨지지만, 사실 그 뿌리를 찾아 올라가면 중세의 길드와 도제 제도로 이어진다. 오늘날 직업이란 단어가 단순히 생계를 위한 수단이 아니라, 사회적 지위와 정체성, 그리고 삶 전체의 틀을 규정하는 구조였다는 점에서 길드야말로 커리어의 원형이었다.

길드의 탄생 — 도시와 장인의 결속

11세기 이후 유럽 도시들은 농업 중심 사회에서 상업과 수공업 중심 사회로 빠르게 변했다. 인구 증가와 도시 성장, 십자군 원정으로 인한 교역 확장은 수많은 수공업자와 상인을 도시로 불러들였다. 이들이 형성한 것이 바로 **길드**(guild, zunft, corporazione)였다.

길드는 단순한 직능조합이 아니었다. 특정 업종의 독점권을 보장하고, 제품의 품질과 가격을 규제하며, 회원 간 복지를 책임지는 준(準)정치 조직이었다. 예를 들어 13세기 피렌체의 모직물 길드는 원료 수입부터 완제품 판매까지 모든 과정을 통제했다. 런던의 금세공사 길드(Goldsmiths' Company)는 단순히 금을 세공하고 관리하는 역할을 넘어, 신용과 화폐 교환을 책임졌다. 이 체제 속에서 장인들은 단순한 노동자가 아니라 시민이자 사회적 구성원으로 인정받았다. 길드의 회원증은 곧 사회적 신분증이었다.

도제 제도 ― 커리어의 사다리

길드의 가장 중요한 기능은 무엇보다도 후계자를 길러 내는 **도제 제도**(apprenticeship)였다. 길드는 시장을 독점했기 때문에, 장인이 되기 위해서는 반드시 도제 과정을 거쳐야 했다.

보통 12세 무렵 어린 소년이 장인의 집에 들어가 '도제'로서 약 7년간 숙식을 함께 하며 훈련을 받았다. 도제는 임금을 거의 받지 않았지만, 기술을 배우는 대신 의식주가 제공되었다. 이후 시험을 통과하면 **'직인**(journeyman)'이 되어 일정 임금을 받고 일할 수 있었고, 다시 수년의 경험을 쌓은 뒤 **'걸작**(masterpiece)'을 제출해 승인을 받으면 비로소 길드의 정회원, 즉 마스터가 될 수 있었다. 이 구조는 오늘날의 커리어 사다리와 매우 닮아 있다. 입사 → 수습 → 정규직 → 승진의 구조는 이미

중세 길드의 도제 제도 속에 있었다. 커리어란 단순히 '일하는 능력'이
아니라, **제도화된 경로와 사회적 인정의 결합**이었다.

길드가 제공한 안전망과 정체성

길드는 단순히 직업 훈련과 규제만 한 것이 아니었다. 오늘날의 노조
나 복지제도에 해당하는 역할을 수행했다. 회원이 병에 걸리면 길드가
치료비를 보조했고, 사망 시에는 장례를 치러 주며 유족을 돌보았다.
또한 길드는 종교적 색채를 강하게 띠었다. 많은 길드가 수호 성인을
모셨고, 축일에는 공동 예배와 축제를 열었다. 즉, 길드는 경제 조직이
자 **복지 공동체**, 그리고 **문화 공동체**였다. 길드 회원은 단순히 직업인
으로서가 아니라, 특정한 집단의 일원으로서 사회적 정체성을 가졌다.
이는 오늘날 기업에 소속된 직장인이 회사 문화를 통해 정체성을 형성
하는 것과 닮아 있다.

길드의 폐쇄성과 붕괴의 씨앗

그러나 길드는 본질적으로 배타적이었다. 길드에 가입하지 않은 사
람은 해당 업종에서 일할 수 없었고, 도제가 될 수 있는 자격도 철저히
제한됐다. 종종 특정 가문이나 계층에게만 길이 열려 있었다. 길드 내
부에서 경쟁을 억제했기 때문에 혁신은 오히려 더디기도 했다.

16세기 이후, 상업과 원거리 교역의 확대는 길드 체제를 흔들었다. 새로운 생산지와 상업 네트워크에서 길드의 규제를 따르지 않는 생산자들이 늘어났고, 왕권은 길드의 독점권을 약화시키며 자유로운 상업을 지원했다. 18세기 프랑스 혁명은 길드를 공식적으로 폐지하며 "누구든 자유롭게 일할 권리"를 선언했다. 길드는 해체되었고, 근대적 노동 시장의 서막이 열렸다.

유럽의 길드와 달리, 한국과 동아시아에서는 **관영 수공업과 계(契)** 형태가 길드와 유사한 기능을 했다. 조선시대 '공장안(工匠案)'에 등록된 장인들은 국가에 소속되어 관청에 물품을 납품했다. 또 민간에서는 상인이나 장인들이 계를 조직해 상호부조와 네트워크를 유지했다. 비록 유럽의 길드만큼 제도적으로 강력하지는 않았지만, '기술을 배운다 → 일정한 절차를 거쳐 장인으로 인정받는다 → 집단적 신뢰 속에서 일한다'는 구조는 공통적이었다.

길드와 도제의 시대는 오늘날 우리에게 두 가지 교훈을 남긴다.

첫째, 커리어는 개인의 것이면서 동시에 집단의 것이다. 도제는 개인적 노력이 필요했지만, 길드라는 제도의 승인이 없으면 아무것도 할 수 없었다. 오늘날 커리어 역시 기업과 제도의 구조에 의해 크게 좌우된다.

둘째, 독점은 결국 붕괴를 부른다. 길드는 배타성과 폐쇄성으로 인해 혁신을 막았고, 결국 시대의 변화에 무너졌다. 오늘날 기업이나 전문직 제도가 길드처럼 폐쇄적으로 굳어지면, 기술과 사회 변화 앞에서 똑같이 해체될 수 있다는 점을 역사에서 이미 경험한 것이다.

길드가 해체된 지 오래지만, 그 유산은 여전히 남아 있다. 오늘날 자격증 제도는 길드의 '마스터 승인'을 현대적으로 재해석한 것이다. 변호사, 의사, 회계사 같은 전문직은 길드적 성격을 가장 잘 보여 준다. 멘토링과 인턴십도 도제 제도의 현대적 계승이다.

무엇보다 길드는 **'커리어는 제도적 장치 속에서만 성립한다'**는 사실을 보여 주었다. 개인의 능력만으로는 직업인이 될 수 없었다. 사회가 인정하는 절차, 공동체의 승인, 제도적 경로가 필요했다. 커리어는 사회적 발명품이자 제도의 산물이었다.

초기 산업혁명과 공장의 규율
– 임금노동 커리어의 탄생

"시간은 돈이다."

— 벤저민 프랭클린

길드가 무너지고 도제 제도가 해체된 이후, 사람들은 새로운 생존의 틀을 찾아야 했다. 그 틀이 바로 공장이었다. 산업혁명은 단순히 기술의 발전이 아니라, 인간의 노동과 삶을 완전히 새롭게 조직한 사건이었다. 커리어 역시 이 과정에서 근본적인 변화를 겪었다. 이제 커리어는 길드의 승인과 장인의 기술이 아니라, **공장의 규율과 임금노동의 계약** 속에서 형성되었다.

기술이 만든 새로운 공간 — 공장

18세기 중반, 영국에서 시작된 산업혁명은 증기기관과 방직기, 제철 기술의 발전으로 대표된다. 이 기술들은 노동을 한곳에 모으는 공장을 필요로 했다. 과거 가내수공업이나 퍼팅아웃 시스템(집에서 원료를 받아 제품을 만드는 방식)은 분산적이었다. 그러나 기계는 한 곳에 설치해야 했고, 사람들은 그 기계를 돌리기 위해 모여야 했다. 공장은 단순히 노동의 공간이 아니라, **새로운 사회 질서의 실험장**이었다. 사람들은 처음으로 아침부터 저녁까지 일정한 시간 동안 같은 공간에서 일해야 했다. 이는 길드 장인이나 농민에게는 낯선 경험이었다.

시간의 규율 — 커리어의 새로운 틀

공장은 사람들의 시간을 기계의 리듬에 맞추었다. 길드의 장인은 자신이 기술을 통제했지만, 공장 노동자는 기계에 맞추어 움직여야 했다. "시간은 돈"이라는 프랭클린의 말은 공장에서 현실이 되었다. 역사학자 E. P. 톰슨[7]은 이를 "시간 규율의 탄생"이라고 불렀다. 과거 농민은 자연의 리듬에 따라 일했고, 장인은 주문에 따라 속도를 조절했다. 그러나 공장에서는 종이 울리면 일해야 했고, 종이 울리면 끝나야 했다. 커리어는 더 이상 장인의 작품과 명예가 아니라, **'시간을 팔고 임금을 받는 구조'**로 재편되었다.

---

7 Edward Palmer Thompson(1924년 – 1993년). 영국의 역사가이자 작가. 대표작 『영국노동계급의 형성』

임금노동의 보편화

공장은 임금노동을 대규모로 확산시켰다. 길드 체제에서는 장인이 독립된 생산자였지만, 공장 체제에서는 대부분의 사람이 자신의 노동력을 판매하는 임금노동자가 되었다. 커리어는 "내가 어떤 작품을 만들었는가"가 아니라 "어떤 공장에서 얼마나 오래 일했는가"로 측정되었다.

임금노동은 개인의 자유를 보장하는 듯 보였지만, 실제로는 새로운 종속을 낳았다. 임금은 생존을 보장했지만, 동시에 생존을 위해 끊임없이 고용주에게 의존해야 했다. 커리어는 자유와 종속이 교차하는 모순적 구조 속에서 자리 잡았다.

아동과 여성 — 새로운 노동 주체

공장은 새로운 노동 주체를 대거 끌어들였다. 농업 사회에서 가정 안에 머물던 여성과 아동이 대규모로 노동 시장에 진입했다. 19세기 초 영국의 면방직 공장에서는 노동자의 절반 이상이 여성과 아동이었다. 하루 12~14시간의 장시간 노동은 착취였지만, 동시에 여성과 아동이 경제적 주체로 등장하는 계기이기도 했다. 이 과정에서 커리어의 개념은 더욱 복잡해졌다. 여성의 노동은 "보조적"인 것으로 간주되었고, 아동의 노동은 교육보다 우선시되었다. 그러나 동시에 이들은 생계의 핵심을 담당하며, 가족의 운명을 지탱하는 존재가 되었다. 당시 이들의 커리어는 단순히 개인의 일이 아니라, 가족 전체의 생존 전략이었다.

규율과 통제 ─ 커리어의 새로운 굴레

공장은 기계만이 아니라, 인간의 몸과 마음도 조직했다. 규칙, 감독관, 벌금제도가 노동자들을 통제했다. 지각이나 결근은 곧바로 임금 삭감으로 이어졌다. 길드 장인은 기술과 작품으로 평가받았지만, 공장 노동자는 **규율과 순종**으로 평가받았다. 역사학자 미셸 푸코[8]는 이를 "규율 권력"이라고 불렀다. 공장은 단순한 생산 시설이 아니라, 인간을 규율하고 감시하는 체제였다. 커리어는 자유로운 장인의 길에서, 감시와 통제 속에서 연명하는 구조로 바뀌었다.

그러나 노동자들은 곧 집단적으로 대응하기 시작했다. 19세기 초 영국에서는 러다이트 운동[9]이 벌어졌다. 노동자들이 기계를 부수며 저항한 것이다. 이는 단순한 파괴가 아니라, 커리어를 지키려는 생존을 위한 몸부림이었다. 이후 노동자들은 노조를 결성해 임금과 노동조건 개선을 요구했다. 길드가 사라진 자리를 노동조합이 메우기 시작했다. 노조는 단순한 권익 단체가 아니라, 노동자들의 커리어를 집단적으로 보호하는 새로운 제도였다. 커리어가 길드의 승인을 통해 보장되던 시대가 끝나고, 이제는 **노조와 법의 힘으로 보장되는 시대**가 열린 것이다.

8　미셸 푸코(Paul-Michel Foucault, 1926 ‑ 1984). 프랑스 현대 철학자이자 작가, 인권 운동가. 주로 사회 제도에 대한 비판으로 유명.

9　Luddite Movement. 1811년 ~ 1817년 사이 영국에서 산업혁명으로 인한 기계화와 실업, 저임금에 저항해 노동자들이 기계를 파괴한 운동으로, 오늘날에는 기술 발전에 반대하는 사람들을 일컫는 용어.

이 과정은 서구만의 이야기가 아니다. 한국 역시 1960~70년대 급속한 산업화 과정에서 공장 규율을 경험했다. 새벽부터 밤까지 이어지는 장시간 노동, 여성 노동자들의 대규모 고용, 기숙사 생활과 감독관의 통제는 19세기 영국 공장의 모습과 크게 다르지 않았다.

대표적 사례가 청계천 평화시장 여성 노동자들의 삶이다. 이들은 임금 착취와 열악한 근무 환경 속에서 일했지만, 동시에 노동조합을 결성하고 민주화 운동의 한 축으로 성장했다. 산업혁명기의 노동자들과 마찬가지로, 이들은 단순한 피해자가 아니라 **새로운 질서를 요구하는 주체**였다.

커리어의 의미 변화

산업혁명과 공장 규율의 시대에 커리어는 다시 정의되었다. **장인적 커리어**가 작품과 기술, 명예를 기반으로 한 개인적 궤적이라면, **공장적 커리어**는 시간과 규율, 조직 속에서 임금을 기반으로 한 집단적 궤적을 의미했다. 이 전환은 단순히 노동의 변화가 아니었다. 인간이 스스로를 정의하는 방식이 달라졌다. 장인은 "나는 ○○ 장인이다"라고 말했다. 그러나 공장 노동자는 "나는 ○○ 공장에서 일한다"라고 말했다. 커리어는 더 이상 내 안에서 시작되지 않고, 외부 조직과 계약에서 시작되었다.

오늘날 AI가 인간의 일을 대체하는 과정을 보며 **"내 커리어는 어디에**

기반하는가?"를 다시 한번 생각해 보아야 한다. 산업혁명기의 노동자들이 기계에 종속되었듯이, 현재의 우리는 알고리즘과 인공지능에 종속될 위험이 있다. 그러나 동시에 그 속에서 새로운 제도, 새로운 집단적 대응을 만들어 낼 수도 있다. 커리어는 단순히 기술이 만들어 내는 것이 아니라, **제도와 집단의 힘** 속에서 구성된다. 산업혁명기의 공장 노동자들이 노조와 법을 통해 자신들의 커리어를 재조립했듯, 오늘날 우리 역시 AI 시대에 맞는 새로운 제도와 시스템을 만들어야 한다.

테일러와 포드, 그리고 대기업
- 평생직장 커리어

19세기 말에서 20세기 초, 산업혁명 이후의 공장은 여전히 혼란스러웠다. 기계와 사람은 모였지만, 노동은 효율적이지 않았다. 노동자는 숙련과 자율성을 여전히 요구했고, 기업가는 더 많은 통제와 생산성을 원했다. 이 갈등 속에서 등장한 것이 바로 테일러리즘(과학적 관리법)과 포디즘(대량생산 체제)이었다. 이 두 흐름은 20세기 노동과 커리어를 근본적으로 바꾸었고, 나아가 '평생직장'이라는 새로운 신화를 만들어 냈다.

테일러리즘 — 과학적 관리와 시간의 분해

프레더릭 W. 테일러는 1911년 『과학적 관리법(The Principles of Scientific Management)』에서 노동을 과학적으로 분석하고, 표준화된 동작과 시간 측정을 통해 효율을 극대화해야 한다고 주장했다. 그의 방법론은 노동을 더 작은 단위로 분해해 가장 빠르고 효율적인 동작만 남기도록 했다. 이 과정에서 숙련은 더 이상 장인의 기술이 아니라, 과학자가 설계한 '표준 동작'을 따르는 능력으로 재정의되었다. 노동자는 스스로 판단하는 주체가 아니라, '측정 가능한 부품'으로 취급되었다. 테일러리즘은 노동의 자율성을 빼앗았지만, 동시에 **임금 인센티브와 성과 측정**이라는 새로운 보상을 가져왔다. 커리어는 장인적 기술이 아니라, 규율과 측정된 성과 속에서 성장하는 구조로 바뀌었다.

포디즘 — 컨베이어와 대량생산

헨리 포드는 테일러리즘을 실제 대규모 공장에서 구현한 인물이었다. 1913년, 그는 디트로이트의 하이랜드 파크 공장에서 세계 최초의 컨베이어 시스템을 도입했다. 자동차 조립은 이제 한 노동자가 전체를 만드는 과정이 아니라, 수십 개의 단순한 작업으로 나뉘었다. 각 노동자는 단 하나의 동작만 반복했다.

이 방식은 생산성을 폭발적으로 높였다. 1914년 포드는 노동자의 하루 임금을 당시 평균의 두 배에 달하는 5달러로 올리며, 노동자들이 자신이 만든 자동차를 소비할 수 있도록 했다. 이는 곧 **"대량 생산-대량 소비-대량 고용"**이라는 포디즘 체제를 낳았다. 이제부터 커리어는 더 이상 불안정한 임시직이 아니었다. 대기업의 공장은 안정적인 임금과

복지를 제공했고, 노동자는 조직 안에서 장기간 일하며 '승진의 사다리'
를 오를 수 있었다.

대기업과 '평생직장'의 탄생

20세기 중반, 포디즘은 전 세계 산업사회의 표준이 되었다. 미국의
GM, 포드, GE 같은 대기업은 수십만 명의 직원을 고용했다. 일본의 도
요타, 독일의 폭스바겐, 한국의 현대자동차 같은 기업들도 이 모델을
따랐다. 특히 전후 일본은 '종신고용제'를 제도화했다. 대기업은 신입
사원을 채용해 평생 고용을 보장했고, 노동자는 회사에 충성을 바쳤다.
임금은 연공서열에 따라 상승했고, 회사는 복지와 주거, 교육까지 책임
지는 방식으로 그들을 케어하고 관리했다. 커리어는 이제 '평생직장'과
동일시되었다.

한국에서도 1970~80년대 대기업의 정규직 사원은 평생직장의 상징
이었다. 현대·삼성·LG 같은 재벌 기업에 들어가면, 안정된 삶과 사회
적 지위를 보장받았다. "어느 회사에 다니느냐"가 곧 그 사람의 사회적
정체성이었고, 커리어의 핵심이 된 바로 그 시기였다.

이 시기의 커리어 구조는 **내부노동시장**이라는 특징을 가졌다. 신입
으로 들어온 직원은 오랜 기간 동안 회사 안에서 교육과 승진을 거쳐
경영진에 이를 수 있었다. 회사 내부에서 이동은 가능했지만, 외부로

이동하는 것은 거의 불가능했다. 이 구조는 커리어를 안정적으로 보장했지만, 동시에 **조직 충성**을 강요했다. 개인의 성장은 곧 조직의 성장 속에서만 가능했다. 커리어는 개인의 것이 아니라, 조직과 공유된 것이었다.

노동조합과 복지국가

포디즘 체제는 단순히 기업 내부에서만 작동한 것이 아니었다. 국가와 사회 전체가 이를 뒷받침했다. 노동조합은 기업과 교섭해 임금과 복지를 보장받았고, 복지국가는 실업보험과 연금을 제공했다. 미국의 뉴딜 정책, 유럽의 복지국가, 일본의 기업복지, 한국의 공기업·재벌 중심 고용은 모두 포디즘 체제를 기반으로 했다. 커리어는 더 이상 불안정한 개인의 모험이 아니었다. 그것은 **국가와 기업, 노조가 함께 보장하는 사회적 계약**이었다.

그러나 이 체제에도 그림자가 있었다. 노동자는 안정과 임금을 얻었지만, 노동의 자율성과 창의성은 억눌렸다. 컨베이어의 반복 작업은 인간을 기계의 부속품으로 만들었다. 찰리 채플린의 영화 〈모던 타임즈〉는 이 현실을 풍자했다.

또한, 이 체제는 남성과 정규직 중심이었다. 여성과 비정규직, 중소기업 노동자는 이 혜택에서 배제되었다. '평생직장'은 일부에게만 주어진 특권이었고, 사회 전체로 보편화되지는 못했다.

한국의 경험 — 압축성장과 평생직장 신화

한국의 경우, 1960~80년대 압축성장 과정에서 포디즘 모델을 급속히 도입했다. 대기업은 고용을 책임지고, 국가는 이를 지원했다. 특히 1980년대 이후 민주화와 함께 노동조합이 성장하며, 정규직 노동자는 안정된 고용과 임금을 확보했다. 그러나 IMF 외환위기(1997)는 이 신화를 무너뜨렸다. 대기업은 대규모 구조조정을 단행했고, 정규직 고용은 더 이상 보장되지 않았다. 이제 '평생직장'은 하나의 역사적 유물로 남았다.

테일러리즘과 포디즘의 시대는 우리에게 중요한 교훈을 남겼다.

첫째, **커리어의 안정은 개인의 능력에서 비롯된 것이 아니라, 제도와 조직이 보장한 결과**라는 점이다. 평생직장은 노동자의 충성 덕분이 아니라, 대량생산과 대량소비, 국가와 노조의 계약이 맞물린 제도적 산물이었다.

둘째, **안정은 영원하지 않다.** 제도가 무너지면 신화도 무너진다. IMF 외환위기처럼 구조가 흔들리면, 평생직장도 하루아침에 사라질 수 있다.

오늘날 AI 시대의 불안정 속에서, **안정된 커리어는 가능한가?** 혹은 그것은 다시 한번 '역사적 환상'에 불과한가?를 되묻지 않을 수 없다.

탈산업화와 세계화
- 커리어 안정신화의 몰락

"안정은 예외였을 뿐,
변화야말로 규칙이다."

— 울리히 벡, 『위험사회』

20세기 중반까지 이어진 포디즘 체제는 '평생직장'과 '승진 사다리'를 약속했다. 그러나 1973년 1차 오일쇼크는 이 체제를 흔드는 첫 번째 지진이었다. 석유 가격의 급등과 경기 침체는 세계 경제를 스태그플레이션으로 몰아넣었다. 생산 비용은 치솟았고, 전통 제조업은 급격히 경쟁력을 잃었다. 미국과 유럽의 대기업들은 더 이상 평생 고용을 유지할 수 없었다. 구조조정과 해고가 일상이 되었고, 정규직의 안정은 균열을 보이기 시작했다. 한때 철옹성 같던 GM, 포드, 크라이슬러 같은 자동차 회사들은 '정리해고'라는 단어를 일상적으로 사용하기 시작했다.

탈산업화 — 공장에서 서비스로

1970년대 이후 선진국 경제는 급속히 탈산업화했다. 미국의 제조업 고용 비중은 1950년 35%에서 2000년대 초반 15% 이하로 떨어졌다. 같은 기간 서비스업 고용은 70%를 넘었다[10]. 제조업에서 커리어의 경로는 비교적 명확했다. 신입으로 들어가면 연공과 숙련에 따라 승진했고, 노조가 이를 보호했다. 그러나 서비스업은 훨씬 더 분절적이고 불안정했다. 콜센터, 호텔, 유통업 같은 직종에서는 이직률이 높고, 숙련의 축적이 보상으로 이어지지 않았다. 커리어는 더 이상 선형적 사다리가 아니라, 불연속적 경로가 되었다.

세계화 — 일자리의 탈지역화

탈산업화를 가속한 또 다른 힘은 세계화였다. 기업들은 비용을 줄이기 위해 생산을 신흥국으로 이전했다. 미국의 공장이 멕시코로, 일본의 전자산업이 동남아로, 독일의 제조업이 동유럽으로 이동했다. 노동자들에게 이는 곧 "내 일자리가 해외로 이전될 수 있다"는 불안으로 다가왔다.

실제로 1980~2000년대 미국 미시간주·오하이오주 같은 러스트벨트 지역에서는 수많은 공장이 문을 닫았다. 그 자리를 아시아 신흥국의 공

---

10   U.S. Bureau of Labor Statistics(BLS). (2003). *100 Years of U.S. Employment Statistics.* Washington, D.C. 1950년대 이후 제조업·서비스업 고용 비중 변화 자료.

장들이 채웠다. 세계화는 기업에게는 기회였지만, 노동자에게는 자신의 직장과 커리어 해체를 경험하게 하는 새로운 위협이었다.

신자유주의와 고용 유연화

1980년대 레이건·대처 정부는 신자유주의적 정책을 도입했다. 규제 완화, 민영화, 노동시장 유연화가 핵심이었다. 기업은 노동자를 더 쉽게 해고할 수 있었고, 성과에 따라 보상을 차등화했다. 이는 '고용 안정'에서 '고용 유연성'으로의 전환을 의미했다. 정규직보다는 비정규직·계약직·파견직이 늘어났고, 성과주의는 개인의 경쟁을 극대화했다. 커리어는 집단적 계약이 아니라, 개인의 성과와 시장에서의 가치에 따라 좌우되기 시작했다.

IT 혁명 — 지식노동의 부상

1990년대 정보통신기술 혁명은 또 다른 변화를 불러왔다. 인터넷과 PC 보급, 이후 모바일과 소프트웨어의 확산은 노동의 성격 자체를 바꾸었다. 단순 반복 노동은 기계와 소프트웨어가 대신했고, 인간은 기획·분석·창의적 업무에 집중하게 되었다.

이 과정에서 '지식노동자(knowledge worker)'라는 개념이 확산됐다. 피터 드러커가 말한 대로, 이들은 자율성과 창의성을 무기로 삼았다.

그러나 동시에 지식노동 역시 프로젝트 단위로 쪼개졌다. 프리랜서, 컨설턴트, 외주 전문가들이 증가하며, 커리어는 조직이 아닌 프로젝트 기반 네트워크 속에서 형성되기 시작했다.

한국에서 이 전환은 1997년 IMF 외환위기와 함께 극적으로 나타났다. 수십만 명의 노동자가 한순간에 해고되었고, 대기업조차 평생직장을 보장하지 않았다. 정규직 고용은 급격히 줄고, 파견직·계약직이 대거 늘었다. 동시에 '자기계발'과 '스펙 경쟁'이 사회 전반으로 확산됐다. 이제 커리어는 회사가 보장해 주는 것이 아니라, 개인이 끊임없이 스스로를 증명해야 하는 것이 되었다. 한국 사회에서 평생직장 신화는 이 시기를 기점으로 사실상 완전히 무너졌다.

새로운 커리어 모델 — 이동성과 전이 가능한 역량

이 시기에 탄생한 새로운 커리어 모델은 이동성과 전이 가능한 역량을 기반으로 했다.

특정 회사에 대한 충성도가 아니라, 다른 조직이나 회사, 산업으로 옮겨 가도 활용할 수 있는 기술·지식·네트워크가 중요해졌다. 예를 들어, 한 엔지니어는 자동차 회사에서 일하다가, 반도체 회사로, 다시 컨설팅 회사로 이동할 수 있었다. 커리어는 단일 경로가 아니라, 연속된 점프와 전환으로 구성되었다. 그러나 이 전환은 양극화를 심화시켰다. 전이 가능한 역량을 가진 고급 인재는 글로벌 시장에서 기회를 잡았다.

반면 단순 노동에 종사한 이들은 안정과 생존을 잃었다. 기업은 더 많은 유연성을 얻었지만, 개인은 더 많은 불안정성을 감당해야 했다. 커리어는 더 이상 보호받는 길이 아니라, 끊임없이 경쟁하는 전장으로 변했다.

탈산업화와 세계화, 그리고 유연화의 시대는 우리에게 분명한 교훈을 남겼다. 안정은 제도가 보장하는 것이 아니라 잠시의 환상에 불과했다. 한때 평생직장이 존재했지만, 그것은 특정 시대의 산물일 뿐 영원한 약속은 아니었다. 불안정은 오히려 새로운 표준으로 자리 잡았고, 개인은 그 속에서 살아남는 법을 배워야 했다. 결국 커리어를 지탱하는 힘은 안정된 제도에 의존하는 것이 아니라, 끊임없는 이동성과 학습 능력에서 비롯된다는 사실이 드러났다.

오늘날 AI와 플랫폼 노동의 시대를 이해하려면, 이 시기의 변화를 직시해야 한다. 커리어는 더 이상 사다리가 아니라, 불안정한 발판들의 연속이었다. 그리고 그 위에서 균형을 잡는 법을 아는 사람만이 살아남을 수 있게 된 것이다.

플랫폼 경제
– 알고리즘이 만든 뉴 커리어

"나는 사장님이면서,
동시에 가장 취약한 노동자다."

— 서울 배달라이더 인터뷰

2008년 글로벌 금융위기는 전 세계 노동 시장을 뒤흔들었다. 수많은 대기업이 구조조정을 단행했고, 기존의 고용 안정은 다시 한번 무너졌다. 그러나 같은 시기에 스마트폰과 모바일 애플리케이션이 폭발적으로 확산되었다. 이 두 사건은 맞물리며 새로운 고용 형태를 낳았다. 안정적 고용을 잃은 사람들은 플랫폼을 통해 일자리를 찾았고, 기업은 플랫폼을 통해 비용을 줄였다. **플랫폼 경제와 온디맨드(On-Demand) 노동**[11]이 본격적으로 등장한 것이다.

---

11   **On-Demand 노동.** 소비자의 필요와 수요에 따라 정보통신기술(ICT)을 통해 즉각적으로 재화나 서비스를 제공하고 그 대가를 받는 노동 형태로 우버나 배달 앱 등에서 볼 수 있는 노동 방식.

플랫폼 노동의 탄생

우버(2009), 에어비앤비(2008), 태스크래빗(2008), 한국의 배달의민족(2010)과 쿠팡이츠(2019) 같은 서비스가 등장했다. 이들은 모두 "양면 시장(two-sided market)"이라는 구조 위에 세워졌다. 한쪽에서는 노동자(또는 서비스 제공자), 다른 쪽에서는 소비자가 연결된다. 플랫폼은 알고리즘을 통해 수요와 공급을 매칭한다.

플랫폼의 등장으로 노동은 "일자리(job)"에서 "태스크(task)"로 쪼개졌다. 전통적인 직업은 고용계약과 승진구조를 통해 일자리와 커리어를 어느 정도는 보장했지만, 그러나 플랫폼 노동은 특정 순간에 수행한 업무, 즉 "주문 배달하기", "승객 태우기", "번역 문서 작성하기" 같은 단위로 쪼개졌다. 커리어는 더 이상 하나의 직업이 아니라, 수많은 태스크의 연속으로 변했다.

알고리즘 관리 — 보스 없는 직장

플랫폼 노동의 가장 큰 특징은 **알고리즘 관리**였다. 배달 라이더는 점주나 관리자에게 지시를 받지 않는다. 대신 앱의 알고리즘이 콜을 배정한다. 우버 드라이버는 손님을 선택할 자유가 있지만, 너무 많이 거절하면 계정이 정지된다.

이 과정에서 노동자는 '사장님'이라는 이름을 얻었지만, 실제로는 알고리즘에 의해 강력하게 통제된다. 보스는 사라졌지만, 보스보다 더 냉정한 숫자와 데이터가 노동자를 관리했다. 커리어는 관리자와의 관계가 아니라, **평점과 리뷰**라는 디지털 지표로 평가되었다.

플랫폼 노동의 흐름

플랫폼 노동은 전통적 고용과 자영업의 경계를 흐렸다. 노동자는 '개인사업자'로 분류되어 4대 보험과 해고 보호를 받지 못한다. 그러나 사실상 플랫폼에 종속되어 가격과 조건을 스스로 결정할 수 없다. 이 모순은 "나는 사장님이면서 동시에 가장 취약한 노동자"라는 역설을 낳았다. 긱워크(gig work)[12]는 자유로운 것처럼 보였지만, 실제로는 위험과 불안정성이 개인에게 전가된 구조였다.

한국에서 플랫폼 노동은 특히 배달 산업을 중심으로 폭발적으로 성장했다. 2020년 코로나19 팬데믹은 배달 주문을 급증시켰고, 수십만 명의 라이더가 플랫폼으로 유입되었다. 서울연구원 조사에 따르면, 2021년 기준 한국의 플랫폼 노동자는 약 220만 명으로 추산된다. 이는 전체 취업자의 8%에 해당하는 규모다. 배달 외에도 대리운전, 가사·돌봄, IT 프리랜서 등 다양한 영역으로 확산되었다. 그러나 이들은 산재보험·고용보험 사각지대에 놓였다. 2021년 한국 정부가 플랫폼 노동자

---

12 긱 워크(gig work). 정규직이나 장기 고용이 아닌, 단기 프로젝트나 필요에 따라 임시로 일하는 근로 형태. 1920년대 미국 재즈 공연에서 즉석으로 섭외한 연주자들을 '긱' 또는 '긱 세션'이라 부르던 것에서 유래.

에게 일부 산재보험을 적용했지만, 여전히 많은 부분이 제도 바깥에 머물렀다. 커리어는 제도의 보호 없이, 개인의 몸과 시간에 의존했다.

해외에서도 플랫폼 노동의 불안정성은 큰 논란을 낳았다. 영국 대법원은 2021년 우버 기사들을 자영업자가 아닌 '노동자(worker)'로 인정하며 최저임금과 휴가권을 보장해야 한다고 판결했다. 스페인은 같은 해 '라이더 법[13]'을 통과시켜 배달 기사를 정규직 노동자로 분류했다.

이러한 판결은 플랫폼 기업들이 회피해 온 고용 책임을 다시 묻는 시도였다. 그러나 여전히 많은 나라에서 플랫폼 노동자는 '그림자 노동자'로 남아 있다.

디지털 평판과 개인 브랜드

플랫폼 시대의 커리어는 **디지털 평판**에 의해 좌우된다. 별점, 리뷰, 응답률, 취소율 같은 지표가 커리어를 정의한다. 과거에는 상사가 평가했지만, 이제는 수많은 익명의 고객이 평가한다.

이는 커리어의 새로운 불평등을 낳는다. 초반에 낮은 평점을 받으면 이후 일거리를 얻기 어렵다. 한 번의 실수가 커리어 전체를 흔드는 것이다. 반대로 좋은 평판을 쌓으면 더 많은 기회가 열린다. 이 과정에서 일부 노동자는 플랫폼을 넘어 **자기 브랜드**를 만들기도 한다. 유튜브 채

---

13 2021년 5월 제정된 법으로, 플랫폼 배달 노동자들이 자영업자가 아닌 근로자(직원) 신분으로 인정되도록 의무화한 법률.

널을 운영하는 배달 라이더, SNS에서 고객과 소통하는 프리랜서 번역가 같은 사례가 등장했다. 이는 플랫폼 노동이 단순한 종속을 넘어, 개인이 스스로의 브랜드를 구축할 수 있는 가능성도 내포함을 보여 준다.

플랫폼 노동의 양면성

플랫폼 노동은 자유와 유연성을 제공한다. 원하는 시간에 일하고, 원하는 만큼만 일할 수 있다. 그러나 동시에 안정성과 보호를 빼앗는다. 영국의 노동경제학자이자 사회학자인 **가이 스탠딩**[14]은 이를 "프레카리아트(precariat)"라 불렀다. 불안정 노동 계급의 탄생이었다. 한국의 20~30대 청년들은 '플랫폼 노동은 탈출구이자 덫'이라고 표현한다. 취업이 어려운 상황에서 즉각적인 수입을 제공하지만, 장기적인 커리어를 쌓는 기반은 되지 못한다.

알고리즘 시대의 커리어, 플랫폼 경제와 온디맨드 노동의 시대는 우리에게 어떤 교훈을 남기게 되었을까? 우선 커리어는 더 이상 직업(job)이 아니라, 태스크(task)의 연속이라는 것을 알게 해 주었고, 둘째, 알고리즘과 디지털 평판이 커리어의 핵심 자산이 되었다는 것도 이해할 수 있게 되었다. 마지막으로 개인의 브랜드와 네트워크가 불안정성을 돌파할 수 있는 유일한 길이 되었다는 것도 알려 주고 있다.

14 　가이 스탠딩(Guy Standing, 1948 -). 영국의 노동경제학자이자 사회학자. 기본수득지구네트워크(BIEN)의 공동 창립자이자 명예의장으로 그의 저서 《시간 불평등》, 《기본소득》 등을 통해 사회계급 이론을 주창한 것으로 유명함.

2008~2021년의 플랫폼 경제는 커리어가 다시 한번 해체되고 재조립되는 과정을 보여 주었다. 이 시대를 이해하지 않고는, 오늘날 AI와 자동화가 만들어 내는 또 다른 해체를 이해할 수 없다.

생성형 AI의 등장
- 해체의 가속화

"기계가 대체할 수 없는 유일한 것은,
인간이 스스로 미래를 재구성하는 능력이다."

― 클라우스 슈밥(2023년 다보스포럼)

2022년 말 공개된 ChatGPT는 전 세계 노동 시장에 충격을 던졌다. AI가 소설을 쓰고, 코드 작성과 문서 요약, 심지어 전략 보고서까지 작성할 수 있다는 사실은 "이제 화이트칼라조차 안전하지 않다"는 불안을 불러일으켰다. 과거 기계가 블루칼라 노동을 대체했다면, 이번에는 지식노동·전문직 영역이 흔들리기 시작했다. 2023~2024년 사이 전 세계 기업들은 생성형 AI를 빠르게 도입했다. 맥킨지 보고서에 따르면, 대기업의 40% 이상이 AI를 사무직 업무에 적용했으며, 특히 마케팅·법률·금융·교육 분야에서 효율성이 크게 높아졌다. 한국에서도 은행, 증권사, 대기업의 인사·전략 부서가 AI를 업무에 활용하며 인력 구조 조정을 단행했다. 화이트칼라 해체가 시작된 것이다.

업무의 분해와 재조립

AI는 업무를 세밀하게 분해했다. 보고서 작성, 데이터 정리, 요약, 기초 코딩, 심지어 초안 작성 같은 일들은 이제 AI가 처리한다. 인간은 그 위에 추가적 검증과 의사결정을 하는 방식으로 역할이 축소되었다. 예전 길드에서 장인의 기술이 공장 분업으로 쪼개졌듯, 오늘날 지식노동은 AI에 의해 다시 쪼개지고 있다. "문서 작성자"라는 직무는 "AI에 프롬프트를 입력하는 사람"과 "결과를 검수하는 사람"으로 재조립된다. 커리어는 더 이상 직무 타이틀이 아니라, 작업 단위와 협업 능력의 조합으로 재편된다. 2023년 이후 미국 빅테크 기업들은 수만 명의 직원을 감원했다. 구글, 메타, 아마존, 마이크로소프트 모두 AI와 자동화를 이유로 대규모 구조조정을 단행했다. 한국 대기업들도 같은 흐름에 들어섰다. 은행 창구 직원이 사라지고, 제조업의 사무직 관리 인력도 줄어들었다.

이 과정에서 커리어의 안정성은 또다시 해체되었다. "좋은 직장"이라는 개념은 흔들리고, 개인은 더 이상 조직의 보호막에 기대지 못하게 되었다.

새로운 기회 — AI와 협업하는 개인

그러나 해체는 곧 기회이기도 하다. AI를 활용하는 사람은 더 빠르고, 더 창의적으로, 더 적은 비용으로 일할 수 있다. 단순히 대체되는 것이 아니라, AI와 협업하는 능력이 새로운 커리어의 핵심 역량이 되었다. 예를 들어, 2024년 한국의 한 프리랜서 디자이너는 생성형 AI를 활용해 시안을 빠르게 제작한 뒤, 인간적인 감각으로 다듬었다. 그는 오히려 프로젝트 수주량이 늘었다. 미국의 한 법률가는 AI를 활용해 기초 문서를 작성하고, 자신은 전략적 자문에 집중했다. 그는 "AI가 내 시간을 두 배로 확장해 줬다"고 말했다. AI 시대의 커리어는 단순히 "내가 무엇을 할 수 있는가"가 아니라, **"내가 AI와 함께 무엇을 창조할 수 있는가"**로 정의된다.

새로운 기술 격차

하지만 AI 활용 능력은 개인 간 격차를 크게 벌렸다. AI를 능숙하게 사용하는 사람은 생산성이 폭발적으로 높아졌지만, 그렇지 못한 사람은 경쟁에서 뒤처졌다. 2023년 컨설팅 업체 PwC 조사에 따르면, AI를 적극 활용한 직원의 업무 효율성은 평균 20~40% 상승했다. 그러나 AI를 거의 사용하지 않은 직원은 오히려 업무 압박이 커졌다. 같은 직무에서도 격차가 심화되었고, 커리어는 AI 리터러시(Literacy, 이해력) 유무와 활용수준에 따라 갈라졌다. 한국에서도 이 격차는 빠르게 드러났다. 2024년 국내 한 금융회사는 AI 리포트 초안 작성 도구를 도입했다. 일부 직원은 이를 적극 활용해 하루에 두세 건의 보고서를 완성했지만, 그렇지 않은 직원은 오히려 성과가 낮아졌다. 회사는 결국 성과 평가에서 AI 활용 능력을 중요한 항목으로 반영했다. 이는 커리어가 이제 더이상 학벌이나 경력 연차로만 평가되지 않고, AI 활용 역량이라는 새로운 기준에 따라 평가됨을 보여 준다.

다중 커리어와 수입 다각화

AI 시대의 또 다른 특징은 다중 커리어다. 한 사람이 여러 개의 수입원을 동시에 운영하는 구조가 확산됐다. 유튜브·틱톡 같은 크리에이터 활동, 온라인 강의, 프리랜스 프로젝트, 플랫폼 노동까지 결합해, 개인은 "하나의 직업"이 아니라 "여러 개의 직업 포트폴리오"를 가진다.

한국의 30대 직장인 A씨는 주중에는 기업에서 데이터 분석가로 일하고, 퇴근 후에는 온라인 강의 플랫폼에서 'AI 데이터 분석 입문' 강의를 운영하며, 주말에는 유튜브 채널을 운영한다. 그는 **"이제 직장은 내 커리어의 일부일 뿐"**이라고 말한다.

AI는 이런 다중 커리어를 가능하게 한다. AI가 생산성을 높여 준 덕분에 개인은 여러 활동을 동시에 할 수 있고, 수입원을 다각화할 수 있다.

정체성의 재구성

AI 시대의 커리어는 단순히 생존 전략을 넘어, 정체성의 문제로 이어진다. "나는 어떤 직업인인가?"라는 질문은 점점 무의미해지고 있다. 대신 "나는 어떤 가치를 창출하는 사람인가?", "나는 어떤 미션을 가진 존재인가?"라는 질문이 중요해진다.

이 과정에서 개인 브랜드의 중요성이 커졌다. 디지털 공간에서 자신을 어떻게 정의하고, 어떤 메시지를 발신하며, 어떤 네트워크를 구축하는지가 커리어의 핵심이 되었다.

문제는 제도가 여전히 이 변화를 따라가지 못한다는 것이다. AI가 노동을 분해하고 있는데, 고용보험·노동법은 여전히 20세기 산업사회의 틀에 머물러 있다. 플랫폼 노동자와 프리랜서, 다중 커리어를 가진 사람들은 사회적 안전망에서 소외되고 있다. 2023년과 2024년에 걸쳐 한국 정부는 '디지털 노동자 보호법' 제정을 논의했지만, AI와 플랫폼 노동을 동시에 포괄하기에는 부족했다. 이는 커리어 해체 이후의 삶을 안정적으로 지탱할 새로운 사회적 계약이 필요하다는 사실을 보여 준다.

생성형 AI 시대의 커리어는 다시 한번 해체와 재조립을 경험하고 있다. 역사를 돌아보면, 길드의 해체가 공장을 만들었고, 공장은 대기업 커리어를 만들었다. 대기업 커리어의 해체는 유연화와 플랫폼을 만들었고, 이제 플랫폼의 해체는 AI와 다중 커리어라는 새로운 질서를 낳고 있다.

AI는 커리어의 종말이 아니라, 또 다른 재조립의 시작이다. 중요한 것은 우리가 어떤 기술을 쓰는지가 아니라, 그 기술을 통해 **어떤 의미 있는 삶을 설계할 것인가**라는 점이다.

3장

AI는 어떻게 당신의 일을 대체하는가?

AI는 어떻게 당신의 일을 대체하는가?

"기계는 인간의 노동을 대신하지 않는다.
다만 노동의 의미를 바꾸어 놓는다."

— 칼 마르크스

AI는 일자리를 단숨에 무너뜨리지 않는다. 대규모 전쟁처럼 일시에 밀어붙이는 대신, 보이지 않게 직업의 내부를 잠식한다. 겉으로는 같은 일을 유지하는 듯 보이지만, 이미 상당 부분은 기계가 차지하고 있다. 은행 창구가 여전히 존재해도 고객 대부분은 앱을 이용하고 있고, 병원 대기접수와 호텔 체크인은 키오스크가 맡는다. 인간이 자리를 지키는 것처럼 보이지만, 역할은 줄어든 것이다.

불과 몇 년 전까지만 해도 신입사원의 중요한 임무는 데이터 정리와 보고서 작성이었다. 수많은 밤을 새워 표를 맞추고 문장을 다듬는 일이 성장의 과정이자 일종의 의례였다. 그러나 이제 이 과정은 AI가 대신한다. 몇 초 만에 보고서 초안을 작성하고, 단순한 자료나 데이터 정리는 자동화 시스템이 처리한다. 신입사원이 오르던 작은 계단은 사라지고,

곧바로 엘리베이터로 옮겨간 셈이다.

이런 일은 역사 속에서도 반복되어 왔다. 20세기 초반, 미국에서만 수십만 명의 여성들이 전화 교환원으로 일했으나 자동 교환기의 등장으로 순식간에 자취를 감췄다. 1980년대 ATM의 확산도 같은 맥락이었다. 많은 이들이 은행원이 사라질 것이라 했지만, 실제로는 단순 현금 거래만 기계로 넘어가고 인간은 상담과 자산 관리 같은 새로운 영역으로 이동했다. **기술은 직업을 없애는 동시에 역할을 재편한다.** 오늘날 AI 역시 단순 반복 업무를 제거하고 인간의 노동을 다른 층위로 옮겨놓고 있다.

그러나 AI의 영향은 과거보다 훨씬 더 빠르고 넓다. 전화 교환기나 ATM이 특정 산업에 국한된 변화였다면, AI는 거의 모든 산업을 동시에 흔든다. 마케팅 부서는 광고 카피를 생성형 AI에게 맡기고, 회계 법인은 단순 처리 인력을 줄였다. 금융권은 이미 상담의 절반 이상을 챗봇으로 대체했다.

국내 은행 창구 방문은 10년 새 80% 줄었고, 신규 채용 규모도 절반 이하로 축소됐다. 유통업에서는 무인 점포와 로봇 바리스타가 늘어나며, 단순 서비스업조차 더 이상 안전한 일자리가 아니다.

AI의 침투 방식은 은밀하다. 처음에는 단순 문서 정리, 번역 같은 보조적 일을 맡는다. 그러나 곧 디자인 시안, 마케팅 전략, 법률 문서 작성처럼 더 복잡한 단계로 확장된다. 실제로 삼성전자는 2023년부터 사내 보고서 작성에 AI를 도입했고, 곧 프레젠테이션 초안까지 AI가 대신 만들기 시작했다. 겉으로는 "최종 검토는 인간이 한다"고 말하지만, 업무의 주도권은 이미 AI로 이동하고 있다.

이러한 흐름은 '일의 개념과 일하는 방식'을 근본적으로 바꾼다. 과거에는 반복과 기획 모두가 노동의 일부였다. 그러나 이제 반복은 더 이상 인간의 몫이 아니다. 남는 것은 창의성, 판단, 공감 능력 같은 영역이다. 문제는 이 전환의 속도가 인간의 적응보다 빠르다는 것이다. 우리가 대학에서 4년, 회사에서 3년을 배우며 익혔던 일을 AI는 몇 주 만에 학습한다. 산업 전환이 수십 년 걸리던 과거와 달리, AI는 몇 달 만에 직무 구조를 뒤흔든다. 이 속도 차이는 '커리어 해체'의 충격을 배가한다. 중세 필경사가 인쇄술 앞에서, 전화 교환원이 자동화 앞에서, 필름 산업이 디지털 카메라 앞에서 무너졌듯, 오늘날의 신입사원들은 AI 앞에서 같은 상황을 맞이한다. 다른 점은 이제 한 산업이 아니라 모든 산업이 동시에 흔들린다는 것이다.

그렇다고 기회가 사라진 것은 아니다. 인터넷이 전통 언론을 흔들었을 때 블로그와 유튜브가 등장했듯, AI도 새로운 직업과 시장을 만든다. 하지만 이 길은 모두에게 열려 있지 않다. 변화에 적응한 소수만이 새로운 시대의 주인이 된다.

AI는 인간을 몰아내는 적이 아니라, 우리가 피할 수 없는 환경이다. 반복은 이미 AI의 것이고, 남은 영역에서 우위를 지키려면 거부가 아니라 수용이 필요하다. 중요한 것은 얼마나 빨리 받아들이고, 도구로 만들고, 자기만의 새로운 역할을 설계하느냐다. AI는 일자리를 빼앗는 동시에 또 다른 일의 가능성을 열고 있다. 결국 AI 시대의 생존은 기술 그 자체가 아니라, 변화를 자기 것으로 만드는 속도에 달려 있다.

보이지 않는 침투
– AI는 어떻게 시작되는가?

"혁명은 대포 소리가 아니라,
일상의 균열 속에서 시작된다."

— 알렉시 드 토크빌

AI는 언제나 우리 곁에서 '도와주는 도구, 또는 업무를 지원하는 툴(Tool)'이라는 얼굴로 등장한다. 그러나 그것은 단지 시작일 뿐이다. 사람들이 의심하지 않는 사이, 기계는 점점 더 많은 영역을 장악해 간다. 일자리를 하루아침에 없애는 방식이 아니라, 눈에 띄지 않게 내부를 재편하는 방식으로 침투하는 것이다. 이 은밀한 침투가 무서운 이유는, 사람들이 자신이 이미 불필요해지고 있다는 사실을 너무 늦게 깨닫기 때문이다.

이미 와 있는 AI의 미래

2023년 한국의 한 보험사 콜센터에서 실험적으로 도입한 AI 음성 상담 시스템은 처음에는 간단한 업무만 맡았다. 단순 문의 응대, 보험료 납입 안내 같은 것들이다. 그러나 불과 6개월 만에 업무의 50% 이상을 AI가 처리하게 되었다. 사람 상담원은 예외적인 상황에만 개입했고, 고객의 절반 이상은 자신이 기계와 통화했는지조차 알아채지 못했다. 상담원들이 일감을 잃었다는 사실을 자각했을 때는 이미 대체가 완료된 뒤였다.

뉴스 미디어에서도 같은 일이 벌어진다. 대부분의 스포츠 경기 결과를 정리하는 짧은 기사는 이제 기자가 쓰지 않는다. AP통신은 2016년부터 AI를 이용해 매주 수천 건의 경기 결과 기사를 자동 작성해 왔고, 2023년 이후에는 기업 실적 보고 기사까지 AI가 작성한다. 기자들은 여전히 존재하지만, 실제로 독자가 읽는 기사의 상당 부분은 기계가 쓴 것이다. 기자가 쓴 것처럼 보이지만, 그 이면에서 인간의 일은 이미 축소되고 있다.

번역·통역 분야를 확인해 보자. 불과 10년 전만 해도 전문 번역가는 "기계는 사람의 언어 감각을 따라올 수 없다"고 믿었다. 그러나 지금 구글 번역과 네이버 파파고는 수십 개 언어를 거의 실시간으로 변환한다. 2024년에는 AI 통역기가 국제 회의 현장에서 시험적으로 사용되었고, 참가자들은 대부분 불편을 느끼지 못했다고 평가했다. 통역사가 직접 귀에 속삭이던 자리는 아직 남아 있지만, 그 역할은 이미 반으로 줄었다. 통역사들은 더 이상 "모든 문장을 통역하는 사람"이 아니라, 기계가 틀린 부분을 보정하는 '교정자'로 바뀌고 있다.

광고·디자인 영역에서도 보이지 않는 변화가 진행 중이다. 대기업 광고 캠페인에서 최종 영상은 여전히 감독과 디자이너의 이름으로 공개된다. 그러나 초안 단계에서 사용되는 수십 개의 시안은 대부분 생성형 AI가 만든다. 내부 직원들은 "AI가 뽑은 수십 개의 이미지를 걸러 내는 것"이 일의 본질이 되었다고 말한다. 즉, 창조자가 아니라 선별자, 검수자로 변한 것이다. 이 전환은 소비자가 알기 어렵다. 광고는 여전히 사람의 이름으로 나가지만, 실제 노동의 대부분은 이미 AI에 넘어갔다.

교육 분야도 마찬가지다. 미국과 한국의 여러 에듀테크 기업들은 AI 튜터를 도입했다. 학생들이 문제를 풀면 즉시 해설을 제공하고, 학습 데이터를 분석해 개인별 맞춤 피드백을 준다. 교사가 여전히 교실 앞에서 있지만, 학생 개개인의 세부 피드백은 이미 AI가 제공한다. 교사는 수업의 조율자이자 감정적 격려자가 되고, 학습 내용 전달의 상당 부분은 보이지 않게 AI가 대신한다.

이처럼 AI는 처음에는 '편의 제공자'라는 얼굴을 하고 들어온다. 직원들은 AI 덕분에 야근이 줄었다고 말하고, 교사는 더 많은 학생을 관리할 수 있다고 느낀다. 그러나 그 순간 이미 일의 주도권은 넘어간다. AI가 초안을 쓰고, 사람은 그것을 다듬는다. AI가 기본 상담을 처리하고, 사람은 특수한 경우만 맡는다. 인간은 주도자에서 예외 처리자, 보조자로 밀려난다.

문제는 이 과정이 너무도 조용하게 일어난다는 점이다. 어느 날 갑자기 회사가 전 직원 해고를 발표한다면 사람들은 분노하고 저항할 것이다. 하지만 조금씩, 그리고 눈에 띄지 않게 업무의 일부가 사라질 때는 경각심이 약해진다. "아직 내 일이 남아 있다"는 착각 속에서 변화를 늦게 감지한다. 그러나 이미 주된 가치는 기계가 가져간 뒤다.

2024년 딜로이트 보고서에 따르면, 글로벌 기업 중 58%가 "AI 도입으로 업무의 성격이 근본적으로 변했다"고 답했다. 그러나 같은 조사에서 "직원들이 체감하는 변화"는 절반에도 미치지 못했다. 즉, 기업은 이미 AI가 주도하는 새로운 질서로 이동했지만, 직원들은 여전히 자신이 중심이라고 착각하는 것이다. 이 착각이 바로 보이지 않는 침투의 본질이다.

사실 지금도 여전히 교사는 교실에 있고, 상담원은 헤드셋을 쓰며, 기자는 기사를 송고한다. 그러나 그 안의 핵심, 즉 가치와 시간의 대부분은 이미 기계가 차지했다. 인간은 무대 위에 남아 있지만, 극본과 조명, 무대 장치는 모두 교체된 셈이다. 이제 앞으로 정작 필요한 질문은 "AI가 내 일을 언제 완전히 빼앗을까?"가 아니라, "AI가 이미 내 일에서 무엇을 가져갔는가?"이다. 눈에 보이지 않는 침투를 직시할 때만 우리는 다음 단계를 준비할 수 있다.

사라지는 초입
– 신입의 계단이 없어진다

커리어는 언제나 초입에서 시작된다. 누구나 가장 낮은 단계를 밟고, 작은 일을 맡으며, 서서히 경험을 쌓아 올라간다. 그것은 단순히 직무를 익히는 과정이 아니라, 사회가 다음 세대를 길러내는 방식이었다. 그러나 지금, 그 초입이 사라지고 있다. 신입사원이 딛고 올라서야 할 첫 계단이 AI와 자동화에 의해 무너져 내리고 있는 것이다.

과거 신입사원의 일은 뻔했다. 자료를 모으고, 문서를 정리하며, 회의록을 작성하고, 선배의 지시에 맞춰 작은 프로젝트를 보조했다. 수많은 밤을 새우며 이런 일을 반복하는 동안 비로소 산업의 언어를 익히고 조직의 문화를 배웠다. 하지만 지금 기업들은 더 이상 신입사원에게 그런 역할을 맡기지 않는다. 그 자리를 AI가 차지했기 때문이다. 단순 보고서 작성은 생성형 AI가 처리하고, 데이터 입력과 정리는 자동화된

ERP가 대신한다. 신입사원이 수행하던 '작고 사소하지만 중요한 일들'이 기계에 넘어가면서, 초입 자체가 무너지고 있다.

2023년 한국의 대기업들은 공채 제도를 사실상 폐지했다. 대신 필요할 때마다 경력직이나 특정 프로젝트 단위로 경험이 있는 인력을 뽑는 방식으로 전환했다. 그나마 일부 신입의 자리는 '인턴쉽'이라는 명목으로 아주 극소수에게만 길을 터 주고 있다. 큰 회사의 인턴 자리를 얻기 위해 규모나 인지도가 낮은 회사의 인턴 경력을 쌓아야만 하는 웃지 못할 일도 벌어진다. 표면적으로는 '효율적인 채용'이라 설명했지만, 실제 이유는 분명했다. 더 이상 대규모로 신입을 뽑아도 그들을 훈련시킬 업무 자체가 줄어들었기 때문이다. 신입에게 맡길 만큼 필요한 직무나 역할이 없다는 뜻이다. 기업은 "AI가 처리하는 단순 업무 때문에 신입들이 성장할 기회가 없다"는 점을 인식하고 있었다. 결과적으로 신입사원의 자리는 애초에 제공되지 않았다.

글로벌 로펌과 회계법인에서도 같은 일이 벌어진다. 한때 신입 변호사와 회계사들은 밤을 새우며 자료를 검색하고, 판례를 조사하며, 수많은 표를 맞추는 일을 했다. 그러나 지금은 이 과정을 AI가 몇 분 만에 끝낸다. 미국의 한 로펌은 2024년 내부 보고서에서 "신입 변호사 30%의 업무량이 AI 도입 이후 사라졌다"고 밝혔다. 이들은 더 이상 기본적인 경험을 쌓을 기회를 갖지 못한다. 초입이 없으니 중간으로 뛰어오를 수도 없다.

그렇다면 언론계는 어떨까? 신입기자의 대표적인 업무는 '단순 스트레이트 기사' 작성이었다. 사건 사고의 사실을 빠르게 정리해 배포하는 것은 수습기자의 훈련 과정이자 기본기였다. 하지만 지금 이 일의 상당 부분은 이미 알고리즘이 맡고 있다. 포털 사이트와 뉴스 에이전시는 스포츠 경기 결과, 기업 실적 발표, 단순 속보를 자동화된 시스템으로 내보낸다. 기자는 아직 현장에 남아 있지만, 신입이 경험을 쌓아야 할 자리는 이미 줄어들었다.

이제 신입은 더 이상 '인생을 시작하는 기본 루트'가 아니다. 과거에는 대학생들이 스펙을 쌓아 대기업 신입 공채에 들어가는 것이 일종의 사회적 약속이었다. 그러나 지금 그 약속은 무너지고 있다. 학생들은 졸업을 앞두고도 "첫 직장"을 찾지 못한 채 프리랜서, 플랫폼 노동, 단기 계약직으로 흩어진다. 신입사원이 아니라, 신입 프리랜서가 새로운 표준이 되고 있는 것이다. 이 초입의 붕괴는 단순히 청년층 개인의 문제가 아니다. 우리 사회 전체의 학습 경로가 끊어진다는 뜻이다. 신입사원 시절의 반복적인 훈련은 비효율적으로 보일 수 있지만, 실제로는 조직과 개인 모두에게 중요한 자산이었다. 조직은 그 과정을 통해 인재를 길렀고, 개인은 그것을 발판 삼아 더 큰 일을 맡았다. 하지만 지금은 그 회로가 단절되었다.

기업 입장에서 신입사원을 줄이는 것은 단순히 비용의 측면에서만 본다면 효율적이다. 그러나 사회적 차원에서 보면 미래를 준비할 자산을 스스로 포기하는 일이다. 과거 일본은 '잃어버린 20년' 동안 청년 고용을 줄이며 비정규직을 양산했다. 그 결과 지금 일본 기업들은 중간 세대를 잃어버렸고, 관리직과 리더층이 심각하게 부족하다. 초입이 사라진 대가가 몇십 년 후 조직 전체의 고갈로 돌아온 것이다. AI가 신입사원의 일을 대체하는 과정은 그래서 더욱 위험하다. 그것은 단순히 몇 개의 직무가 사라지는 문제가 아니라, 커리어의 사다리 전체를 무너뜨리는 서막이다. 계단의 첫 단이 없으면, 그 위로 올라가는 모든 길이 막힌다. 지금의 청년들이 경험을 쌓지 못하면, 10년 뒤에는 숙련된 중간세대도 존재하지 않을 것이다. 결국 사회 전체가 불안정한 구조에 갇히게 된다.

2023년 ~ 2024년 맥킨지 연구보고서[15]에 따르면, "AI 도입 기업 중 45%가 신입사원 채용을 줄였다"고 답했다. 같은 조사에서 "신입사원의 역량 개발 기회가 현저히 줄었다"고 응답한 비율은 60%에 달했다. 이 수치는 단순히 고용 축소가 아니라, 훈련과 경험의 통로 자체가 차단되고 있음을 보여 준다. 우리는 지금 중요한 질문을 마주한다. 과연 다음 세대는 어디서 배움을 얻을 것인가? 신입사원이 경험을 통해 배우던 작은 일들은 이제 AI의 몫이 되었다. 그렇다면 청년들은 어디에서, 어떻게 성장해야 할까? 이 질문에 답하지 못한다면 사회는 전체적으로 늙어간다. 젊은 세대가 설 자리를 잃으면, 결국 전체가 활력을 잃는다.

AI의 침투가 보이지 않게 시작되었다면, 신입사원의 초입 붕괴는 그 침투가 가장 뚜렷하게 드러나게 될 것이다. 사라진 초입은 단순한 개인

15　첨부 참고문헌 및 자료(McKinsey Global Institute/Survey) 참조

의 문제가 아니라, 커리어 해체의 근본적 증거다. 지금 젊은 청년들의 일자리 문제는 단순히 산업의 구조적인 변화나 경기 침체로만 설명될 수 없다. 이제는 그동안 지속적으로 제기되어 왔던 AI와 로봇의 활용으로 인한 사람의 역할 부재, 시스템의 정착에 따른 혁신 필요성 및 일자리와 연결된 세대 간 갈등 문제와 함께 사회 전체가 풀어 나가야 할 근본적인 이슈로 받아들여야 할 때가 된 것으로 보인다.

중간 계층의 붕괴
- 관리와 조정의 종말

"혁신은 위대한 지도자가 아니라,
불필요해진 중간 단계를 지우는 데서 시작된다."

— 클레이튼 크리스텐슨

오랫동안 조직에서 가장 중요한 버팀목은 중간 관리자였다. 그들은 현장의 작은 문제를 해결하고, 위로는 경영진과 연결되며, 아래로는 팀원들을 이끌었다. 수많은 보고서와 결재, 회의와 피드백은 중간 관리자의 몫이었다. 이 계층은 때로는 답답하고 관료적이라 비판받았지만, 동시에 조직을 지탱하는 숨은 기둥이기도 했다. 그러나 지금, 이 기둥이 무너지고 있다. AI와 자동화는 단순히 말단 업무를 대체하는 데 그치지 않고, '관리와 조정'이라는 중간 계층의 핵심 기능까지 잠식하고 있기 때문이다.

2023년부터 2025년 최근까지, 글로벌 빅테크 기업들이 단행한 대규모 구조조정은 이 변화를 극적으로 보여 주었다. 구글, 메타, 아마존은 수만 명의 인력을 줄였는데, 단순 엔지니어가 아니라 주로 중간 관리자들이 대상이 되었다. 현장에서 코드를 짜는 엔지니어와 최종 의사결정을 내리는 고위 임원은 남았지만, 그 사이에 존재하던 '프로젝트 매니저'와 '팀 리더' 그리고 소위 아래 직급과 직책자, 임원을 연결하던 '관리자' 계층은 대거 축소되었다. 기업들은 그 이유를 "AI와 협업 툴이 조정 업무를 대체했기 때문"이라고 설명했다. 실제로 프로젝트 관리 소프트웨어와 AI 기반 일정 관리 시스템은 보고와 승인 과정을 단순화시켰다. 중간 관리자가 필요하지 않은 구조가 현실이 된 것이다.

네이버는 이미 부장, 차장, 수석 등의 직급 체계가 없다는 것을 공식 제도로 체계화했고, 2024년부터는 아예 관리자 직책 간소화 정책을 발표한 바 있다. 특히 카카오는 조직 군살 빼기나 수평적이고 효율적인 소통을 지향하고자 리더 체계를 이미 간소화하여 운영 중이다. 또다른 한 대기업은 2024년부터 '팀장 없는 팀'을 실험적으로 운영하기 시작했다. 과거에는 팀장이 부하 직원의 업무를 취합해 보고하는 방식이었지만, 지금은 클라우드 기반 협업 툴에 모든 직원이 직접 결과를 입력한다. 보고 라인이 사라지면서 중간 관리자의 존재 이유도 함께 희미해졌다. 경영진은 AI 대시보드를 통해 실시간으로 각 프로젝트의 진척 상황을 확인할 수 있고, 팀원들은 즉시 피드백을 받는다. 이 과정에서 중간 관리자가 하던 '보고 정리와 조율' 업무는 완전히 불필요해졌다.

스타트업에서는 이미 중간 계층의 붕괴가 현실이다. 인원 규모가 크지 않은 회사들은 애초에 '팀장'이라는 계층을 두지 않는다. 대신 AI 기반 업무 관리 툴이 역할을 대신한다. 예를 들어 미국의 한 스타트업은 전 직원이 매일의 업무를 AI에게 보고하고, AI는 우선순위를 조정해 각자에게 다시 할 일을 배분한다. 사람 대신 알고리즘이 '매니저'의 역할을 맡는 것이다. 직원들은 상사의 눈치를 보지 않고도 곧바로 AI가 제시한 순서에 따라 일한다. 경영진은 단지 AI가 요약한 리포트를 검토할 뿐이다.

이 변화는 단순히 한 직무가 줄어드는 수준이 아니다. 조직 구조 자체를 평평하게 만든다. 과거에는 피라미드형 구조가 기본이었다. 맨 위에 임원이 있고, 그 밑에 부장, 과장, 대리, 사원이 층층이 쌓였다. 그러나 중간 계층이 줄어들면서 이 구조는 점점 납작해진다. 몇 명의 리더와 다수의 실행 인력만 남는 구조다. 이는 효율적으로 보일 수 있지만, 동시에 경력의 사다리를 없앤다는 의미이기도 하다.

특히 주목해야 할 점은 **'보고서와 결재 문화'의 붕괴**다. 과거에는 보고서를 작성하고, 결재 라인을 거치며, 여러 단계에서 수정·보완이 이뤄졌다. 이 과정은 시간이 오래 걸리지만, 동시에 조직 내에서 경험을 쌓고 책임을 분산하는 역할을 했다. 그러나 지금은 AI가 보고서를 자동으로 작성하고, 임원은 그 결과만 확인한다. 결재 라인 자체가 축소되면서, 중간 관리자들이 개입할 틈이 사라졌다. 2024년 한국의 한 금융사는 내부 결재 시스템을 전면 자동화했다. 과거에는 지점장이 서류를 확인하고, 본부장이 승인하며, 다시 부서장이 서명하는 식의 복잡한 절차가 있었다. 하지만 AI가 서류의 적합성을 검토하고, 자동으로 리스크를 평가하면서 중간 단계가 사라졌다. 그 결과 수십 명의 중간 관리자들이 일자리를 잃었다. 회사는 "업무 효율화"라고 설명했지만, 실제로는 중간 계층의 해체가 가속화된 사건이었다.

이러한 변화는 직장인의 심리에도 큰 충격을 준다. 중간 관리자는 단순한 직급이 아니라, 경력 발전의 중요한 이정표였다. 대리에서 과장, 과장에서 부장으로 올라가는 과정은 커리어가 성장하고 있다는 상징이었다. 그러나 이 단계가 사라지면서 직장인들은 성취감을 느낄 기회를 잃었다. 승진이라는 보상 체계가 무너진 자리에는 불안과 불만만 남았다. "열심히 일해도 더 올라갈 자리가 없다"는 절망은 젊은 세대의 조직 충성도를 더욱 약화시켰다. 글로벌 차원에서 보면, 이미 '중간 관리자 없는 조직'이 하나의 흐름이 되고 있다. 실리콘밸리의 일부 기업들은 AI를 적극 도입하면서 관리자를 거의 없애고, 전 직원이 수평적으로 협업하는 체계를 시도한다. 이는 창의적이고 유연한 조직 운영을 가능하게 하지만, 동시에 경력 개발의 사다리를 없애 버린다. 누구나 동등하게 일하지만, 동시에 누구도 성장의 단계를 밟을 수 없다.

이 과정에서 흥미로운 아이러니가 발생한다. 한때 비효율의 상징으로 여겨졌던 중간 관리자가 사라지자, 조직의 효율은 높아졌다. 그러나 동시에 인간적 접점과 돌봄의 기능도 함께 사라졌다. 과거 팀장은 단순히 보고서를 취합하는 사람이 아니라, 팀원의 고민을 들어 주고, 조직 문화를 전수하는 역할도 했다. AI는 성과를 관리할 수는 있지만, 사람의 감정을 이해하고 관계를 조율하지는 못한다. 중간 계층의 붕괴는 단순히 비용 절감이 아니라, 인간적 네트워크의 붕괴이기도 하다.

앞서 언급한 맥킨지의 2023년 보고서는 "AI와 자동화의 도입으로 중간 관리자 직군이 가장 먼저 줄어들고 있다"고 지적했다. 전체 관리직 중 30% 이상이 대체 가능하다고 분석했고, 실제로 미국과 유럽의 여러 기업에서 이미 현실로 나타나고 있다. 한국에서도 2024년 이후 팀장급 이상의 조기퇴직 비율이 급격히 늘어났다. 경영진은 필요하지만, 중간 계층은 불필요한 존재가 되어 버린 것이다.

중간 계층의 붕괴가 조직사회 전체에 어떤 결과를 남길 것인지 생각해 보자. 단기적으로는 효율이 높아질 수 있지만, 장기적으로는 경력의 사다리가 무너지고, 리더를 준비할 세대가 사라질 수 있다. 일본이 청년 고용을 줄이며 중간 세대를 잃었던 것처럼, 지금의 선택은 미래의 공백으로 돌아올 가능성이 크다. AI가 조직의 중간 단계를 잠식하는 지금, 우리는 새로운 전환을 목격하고 있다. 관리와 조정이라는 인간의 역할이 기계로 대체되면서, 조직은 더 단순하고 효율적으로 바뀌고 있다. 그러나 동시에 커리어의 단계는 무너지고, 인간적 관계의 그물망은 약해진다. 지금 당신의 조직에서, 중간 계층은 여전히 필요한가? 아니면 이미 사라진 존재인가?

중요한 변화의 시점에 다시 한번 깊이 짚어 볼 필요가 있다.

창의의 영역까지
– 기획과 아이디어를 삼키는 AI

"창의성은 인간만의 고유한 불꽃이라 믿었지만,
이제 그 불꽃마저 기계가 흉내 내기 시작했다."

― 하워드 가드너

한때 우리는 반복적이고 기계적인 노동은 언젠가 자동화될 것이라 예견했다. 그러나 아무리 기술이 발전해도 기획과 아이디어, 창작의 영역만큼은 인간의 고유한 영역으로 남으리라 믿었다. 상상력과 영감, 맥락을 이해하는 능력은 기계가 절대 넘을 수 없는 벽이라 여겼다. 하지만 지금 그 벽은 무너지고 있다. 인공지능은 단순한 보조를 넘어서 창의적 활동의 주도권을 위협하고 있다.

광고 업계는 이 변화를 가장 먼저 체감한 분야 중 하나다. 과거에는 광고 문구 한 줄을 만들기 위해 수십 번의 회의와 수많은 카피라이터의 제안이 필요했다. 그러나 지금 글로벌 광고 회사의 상당수는 생성형 AI를 활용해 수백 개의 문구를 단 몇 초 만에 뽑아낸다. 2023년 이후 대형 브랜드들의 마케팅 카피 중 절반 이상이 AI 초안에서 출발한다는 보고가 이를 증명하듯, 실제로 사람 카피라이터의 역할은 아이디어를 내는 창작자에서, AI가 만들어 낸 수많은 결과를 골라내고 다듬는 '편집자'로 바뀌고 있다. 창작의 첫 불꽃이 인간에서 기계로 옮겨 가고 있는 것이다.

엔터테인먼트 산업도 예외가 아니다. 할리우드에서는 이미 시나리오 초안 작성에 AI를 활용하고 있다. 2023년 미국 작가노조(WGA)가 파업에 돌입했던 가장 큰 이유 중 하나는 바로 "AI의 시나리오 작성 참여를 어디까지 허용할 것인가"였다. 스튜디오는 비용 절감과 속도 향상을 이유로 AI를 활용하려 했고, 작가들은 자신들의 창작 영역이 침범당한다고 주장했다. 결국 합의 과정에서 "AI는 보조 도구로만 쓰인다"는 규정이 생겼지만, 현장의 분위기는 달랐다. 이미 많은 기획자들이 AI를 사용해 스토리 구조와 캐릭터 대사를 만들어 내고 있었다. 드라마와 영화의 창의적 원천마저 흔들리고 있음을 보여주는 사건이었다.

한국 드라마 제작 현장에서도 AI는 이미 존재한다. 일부 제작사는 시나리오 초안이나 캐릭터 대사를 AI로 생성한 뒤, 작가들이 그것을 다듬는 방식으로 작업한다. 드라마 제작비가 치솟고, 콘텐츠 수요는 폭발적으로 늘어나는 상황에서 AI는 시간을 단축하는 효과적인 도구가 된다. 여기서 문제는 작가들이 더 이상 처음부터 끝까지 이야기를 설계하지 않는다는 점이다. 이제는 AI가 던져 준 구조 안에서 인간은 조율자와 교정자의 역할만 맡는다. 창작의 첫 번째 불꽃이 인간에게서 사라지고 있다는 사실은, 결국 스토리텔링의 본질까지 흔들고 있다.

음악 산업도 크게 흔들리고 있다. K-POP을 포함해 글로벌 음악 시장은 이제 AI 작곡 도구를 적극 활용한다. 2024년 일본의 한 음반사는 AI가 만든 곡을 실제 아이돌 그룹 앨범에 수록했다. 사람 프로듀서는 멜로디를 다듬고 가사를 수정했을 뿐, 곡의 뼈대는 기계가 만들었다. 한국에서도 일부 제작사는 AI 작곡 툴을 사용해 수십 개의 멜로디를 생성하고, 그중 마음에 드는 것을 선택해 제작한다. 전통적으로 '예술가의 영감'이라 불리던 순간이 이제 알고리즘의 출력으로 대체되고 있는 것이다. 팬들은 처음에는 거부감을 보였지만, 음악 차트에서 성과가 나오자 AI 작곡은 더 이상 낯선 일이 아니게 되었다.

시각 예술은 변화의 속도가 더 빠르다. 미드저니, 스테이블 디퓨전 같은 이미지 생성 AI는 디자이너와 일러스트레이터들의 일터를 송두리째 바꿔 놓았다. 과거에는 광고 시안이나 게임 콘셉트 아트를 위해 수십 명의 디자이너가 며칠씩 그림을 그려야 했다. 지금은 AI가 단 몇 초 만에 수십 장의 이미지를 만들어 낸다. 디자이너들은 창작자라기보다 큐레이터가 되고 있다. AI가 만들어 낸 수많은 이미지 중 쓸 만한 것을 고르고, 약간의 보정을 하는 것이 새로운 업무가 되었다. 창작의 본질이 '무에서 유를 만드는 것'에서 'AI의 산출물을 선별하는 것'으로 바뀌어 가는 것이다.

이런 흐름은 단순한 기술 도입이 아니라, 창의성에 대한 정의 자체를 흔든다. 우리는 창의성을 인간의 고유한 영역이라고 믿어 왔다. 그러나 지금의 젊은 세대는 이미 AI와 함께 창작하는 것이 당연한 환경에서 자란다. 대학생들은 과제를 준비할 때 아이디어 초안을 AI에게 묻고, 디자이너 지망생은 자신의 포트폴리오를 AI의 도움을 받아 완성한다. 창작이란 '나만의 생각을 표현하는 것'이라는 오래된 정의는 무너지고, 창작이란 'AI와 협업해 결과물을 만들어 내는 것'으로 재정의되고 있다.

물론 AI의 창작에는 한계도 있다. 깊은 맥락 이해나 철학적 통찰이 요구되는 작업에서는 여전히 인간의 손길이 필요하다. 그러나 중요한 것은 대중의 기준이 변한다는 사실이다. 과거에는 음악이나 그림에서 인간의 영감이 얼마나 그리고 어떤 방식으로 담겼는지가 중요했지만, 지금은 "퀄리티가 충분한가"가 더 큰 기준이 된다. 결과물이 감동을 주고 상업적으로 성공한다면, 그것이 인간의 창작물이든 AI의 산출물이든 더 이상 구분하지 않는다. 소비자가 구분하지 않는 순간, 시장은 인간 창작자의 고유성을 보장하지 않는다.

교육 영역에서도 이 변화는 분명하다. 예술학교에서 학생들은 더 이상 빈 캔버스를 두려워하지 않는다. 그들은 AI에게 초안을 요청한 뒤, 그 위에 덧칠한다. "아이디어를 어디서 얻느냐"라는 질문의 답이 이제는 "AI에게서 얻는다"가 되는 것이다. 창작 훈련의 패러다임이 바뀌고 있다.

이 모든 과정은 인간의 창의성을 위협하는 동시에, 새로운 가능성을 열기도 한다. AI는 수많은 아이디어를 동시에 제시할 수 있기 때문에, 인간은 그중에서 더 나은 길을 선택하거나 조합할 수 있다. 그러나 동시에 인간이 스스로 불을 붙이는 경험을 잃어버리게 된다면, 창의성은 기계가 던져 준 불꽃에 의존하는 습관으로 굳어질 위험이 있다.

2024년 MIT 연구팀은 흥미로운 실험을 했다. 학생들을 두 그룹으로 나누어 한쪽은 스스로 아이디어를 내게 하고, 다른 쪽은 AI의 도움을 받아 작업하게 했다. 결과적으로 AI를 활용한 그룹의 완성도가 높았지만, 3개월 뒤 창의성 테스트에서는 스스로 작업한 그룹이 더 높은 점수를 얻었다. 이는 AI가 단기적으로는 창의성을 강화하는 것처럼 보이지만, 장기적으로는 인간의 발화 능력을 약화시킬 수 있음을 보여 준다.

창의의 영역마저 잠식하는 AI는 단순히 직업의 문제를 넘어, 인간의 정체성에 관한 질문을 던진다. 우리는 여전히 창의성이 인간의 고유한 능력이라고 믿을 수 있을까? 아니면 창의성이란 결국 새로운 조합을 만들어 내는 과정이며, 기계도 그 과정을 수행할 수 있다고 인정해야 할까? 만약 후자가 맞다면, 인간은 어떤 차별성을 가져야 할까?

AI가 기획과 아이디어를 삼키는 지금, 창의성이란 무엇이며, 그 창의성의 자리를 지키기 위해 우리는 무엇을 준비해야 하는가에 대한 근본적인 질문이 다시 필요하다. 단순한 직업적 위기뿐만 아니라, **인간 존재의 의미가 시험대에 오른 것이다.**

반복과 규칙의 실종
– 대체지수로 보는 일의 변화

AI 시대를 이야기할 때 가장 많이 등장하는 질문은 "어떤 직업이 사라질까?"다. 하지만 이 질문은 지나치게 단순하다. 사라지는 것은 직업 전체가 아니라, 그 직업을 구성하는 **세부 업무의 조각들**이다. AI는 직무를 한 번에 대체하지 않는다. 오히려 마치 물이 스며들 듯, 반복적이고 규칙적인 영역부터 조금씩 잠식해 들어간다.

이를 수치화한 개념이 바로 '**대체지수**(Substitutability Index)'다. 대체지수는 어떤 직무가 AI와 자동화 기술에 의해 얼마나 빠르고 쉽게 대체될 수 있는지를 단적으로 보여 주는 일종의 위험도 지표다. 대체지수를 측정하는 방식은 여러 가지가 있지만, 기본적으로는 **반복성, 규칙성, 예측 가능성**이라는 세 가지 기준이 핵심이 된다. 어떤 업무가 하루에도 수십 번 똑같이 반복되고, 명확한 규칙에 따라 처리되며, 그 결과가 쉽게 예측된다면, 그 업무는 AI가 가장 잘하는 영역으로 분류된다. 예를 들어, 단순한 데이터 입력, 문서 분류, 재고 관리 같은 일들은 이미 다양한 소프트웨어와 로봇이 훨씬 더 효율적으로 수행하고 있다. 이때 인간의 개입은 점점 줄어들고, 결국 해당 직무 자체가 사라지거나 축소되는 방향으로 흘러간다.

이 지표가 과거에는 블루칼라 직종, 즉 제조·물류·서비스 분야에 국한된다고 여겨졌지만, 최근에는 전문직이나 화이트칼라 직종까지 파고들어 실제 적용되고 분석되고 있다. 변호사 사무실에서의 판례 조사, 회계사의 세무 보고서 작성, 인사팀의 서류 검토와 채용 필터링 같은 일들이 대표적이다. 과거에는 전문직의 안전지대라고 여겨졌던 영역이었지만, AI는 방대한 데이터베이스를 학습하고 언어를 이해하는 능력을 바탕으로 사람보다 훨씬 빠르고 정확하게 같은 업무를 수행할 수 있게 되었다.

예를 들어, 미국의 한 로펌은 내부적으로 판례 조사에 AI를 도입해 업무 시간을 60% 이상 단축했다. 변호사가 직접 조사할 때는 수일이 걸리던 일이 몇 분 만에 끝났고, 결과의 정확성도 상당히 높았다. 이 과정에서 젊은 변호사들이 맡던 '리서치' 역할은 불필요해졌다. 대체지수로 따진다면, 판례 조사는 이미 80~90% 수준으로 기계에 넘어간 셈이다. 인간 변호사는 여전히 전략 수립과 최종 변론을 담당하지만, 전체 업무 비중에서 차지하는 영역은 과거에 비해 크게 축소되었다.

한국에서도 회계 법인이나 금융 기관에서 유사한 변화가 일어나고 있다. 단순 회계 처리, 보고서 초안 작성, 위험 관리 리포트 작성 등은 AI가 이미 일정 부분 대체하고 있다. 특히 보고서 작성의 경우, 챗GPT와 같은 생성형 AI가 자료를 빠르게 요약하고 초안을 마련해 주기 때문에 인간 회계사가 하던 단순한 문서 작업은 거의 사라지고 있다. 여기서 대체지수는 70~80%에 해당한다. 회계사라는 직업이 통째로 사라지는 것은 아니지만, 그 직업 내에서 담당하던 세부 과업의 상당수가 이미 기계로 이전된 것이다.

물론 대체지수가 높다고 해서 직업 전체가 반드시 사라지는 것은 아니다. 오히려 그 반대다. 기계가 점유한 부분이 늘어날수록 인간은 더 복잡하고 창의적인 영역으로 이동한다. 변호사는 리서치 대신 전략적 협상이나 고객과의 상담에 집중해야 하고, 회계사는 단순 보고서 대신 기업의 재무 구조를 재설계하거나 세금 전략을 자문하는 역할로 옮겨야 한다. 즉, 직무는 축소되지만, 동시에 새로운 역할이 탄생한다. 다만 이 과정에서 **적응하지 못한 사람들은 자연스럽게 도태**된다.

대체지수의 흥미로운 특징은, 인간이 중요하다고 생각하는 영역조차도 지수가 빠르게 상승할 수 있다는 점이다. 예를 들어, 콘텐츠 제작자는 창의적 작업이므로 대체가 어렵다고 여겨진다. 하지만 광고 문구 작성, 블로그 글 작성, 단순 영상 편집 같은 영역은 이미 AI가 상당 부분 수행하고 있다. 최근 글로벌 광고 회사들은 실제 캠페인에서 생성형 AI가 작성한 카피를 테스트하고 있으며, 그 성과는 사람의 작업과 크게 다르지 않았다. 따라서 이 부분의 대체지수는 빠르게 60~70% 수준으로 올라가고 있다. 반면, 브랜드의 방향성을 설정하거나 인간의 감정에 섬세하게 호소하는 카피라이팅은 여전히 AI가 따라오기 힘들다. 즉, 동일한 직업 안에서도 업무별로 대체지수가 극적으로 다르게 나타난다.

이런 맥락에서 우리는 단순히 "어떤 직업이 사라진다"가 아니라 "직업의 어느 부분이 사라지고, 어느 부분이 남는가"라는 관점으로 바라봐야 한다. 그리고 이 비율은 개별 직업마다, 개인마다 다르게 나타난다. 어떤 사람은 자신의 업무 중 80%가 AI에 의해 대체될 수도 있지만, 다른 사람은 같은 직업 안에서도 창의적이고 관계 중심적인 역할을 맡아 대체 위험이 30% 미만일 수도 있다. 결국 중요한 것은 직업의 이름이 아니라, **내가 지금 맡고 있는 구체적 과업(Task)의 성격**이다. 따라서 앞으로의 생존 전략은 자신의 업무를 냉정하게 분해하고, 각각의 대체지수를 따져 보는 데서 출발해야 한다. 반복적이고 규칙적인 부분은 과감히 기계에 맡기고, 자신은 감정, 판단, 창의, 관계의 차원으로 옮겨가야 한다. 이 과정에서 직무의 경계가 무너지고, 사람마다 다른 형태의 새로운 업무 포트폴리오가 탄생하게 된다.

대체지수는 두려움의 지표가 아니다. 오히려 그것은 기계와 인간 사이의 경계선을 보여 주는 지도다. 그리고 그 지도는 우리가 어디로 이동해야 할지를 알려 주는 나침반 역할을 한다. 직업의 이름을 붙잡는 것이 아니라, 업무의 본질을 해체하고 새롭게 조합하는 사람이 결국 AI 시대의 주도권을 가진다.

남는 일과 사라지는 일
– 새롭게 재편되는 질서

AI와 자동화가 본격적으로 노동을 삼키는 지금, 우리는 피할 수 없는 질문과 마주하게 된다. 과연 어떤 일은 사라지고, 어떤 일은 남을 것인가? 그리고 그 경계는 어디에서 그어지는가? 변화는 산업별로 속도를 달리하며 나타나고 있지만, 하나의 분명한 원칙이 보인다. 반복적이고 규칙적인 일은 가장 먼저 사라지고, 창의와 공감, 맥락을 필요로 하는 일은 상대적으로 오래 남는다. 하지만 '상대적'이라는 말은 언제든 위태로울 수 있음을 동시에 의미한다.

전통적으로 농업은 '인간의 손'이 중심인 산업이었다. 그러나 지금 스마트팜과 AI 농기계는 그 질서를 빠르게 대체하고 있다. 네덜란드의 한 스마트팜 기업은 드론으로 작물의 상태를 실시간 점검하고, AI 알고리즘이 자동으로 물과 영양분을 조절한다. 과거에는 농부가 하늘을 보며

날씨를 점쳤지만, 지금은 센서와 알고리즘이 더 정확한 답을 내놓는다. 한국에서도 대규모 시설재배 농가들이 AI 기반의 생육 관리 시스템을 도입하고 있다. 전통적인 농부의 노동은 줄어들고, 대신 데이터 분석가와 농업 기술 엔지니어가 새로운 주체로 떠오르고 있다. 농업이라는 직업은 사라지지 않지만, 농부라는 전통적 이미지의 일자리는 사라지고 있는 것이다.

물류와 창고 분야 역시 비슷하다. 과거에는 수천 명의 인력이 물류창고에서 상자를 옮기고 정리했다. 그러나 아마존이 도입한 키바(Kiva) 로봇 이후, 물류센터는 완전히 다른 풍경으로 변했다. 로봇이 바닥을 누비며 상품을 운반하고, AI가 최적의 경로를 계산해 작업자에게 전달한다. 한국의 CJ대한통운도 2023년 이후 AI 기반 자동 분류 시스템을 전국 물류 거점에 확대 도입했다. 이 과정에서 단순 상하차 인력은 크게 줄었고, 대신 로봇과 시스템을 관리하는 엔지니어가 늘어났다. 같은 물류 산업 안에서도 '사라지는 일'과 '남는 일'이 극명하게 갈리고 있는 것이다.

헬스케어 분야는 더 복잡하다. 인공지능은 영상 판독, 진단 보조, 신약 개발 같은 영역에서 이미 탁월한 성과를 보이고 있다. 2024년 발표된 한 글로벌 연구에 따르면, 폐암 진단에서 AI의 정확도가 숙련된 영상의학과 전문의를 능가했다. 그러나 그렇다고 의사가 사라지는 것은 아니다. 환자는 여전히 인간 의사의 눈을 보고 안심하며, 수술 전후의 상담과 심리적 케어는 기계가 대신할 수 없다. 반대로 단순 판독과 서류 작업은 빠르게 사라지고 있다. 즉, 같은 의료 직군 안에서도 '남는 일'과 '사라지는 일'이 분리되고 있다. 한국의 일부 병원에서는 간호보조 로봇을 시험적으로 도입해 환자 이송과 기초 간병 업무를 맡겼다. 환자의 생명을 다루는 중요한 순간에는 인간이 필요하지만, 일상적이고 반복적인 보조 노동은 점차 줄어들 것이다.

자율주행 기술은 운송업에 결정적 파장을 던지고 있다. 트럭 운전은 오랫동안 안정적이고 숙련이 필요한 직업으로 여겨졌다. 그러나 미국과 중국에서 이미 자율주행 트럭이 물류 운송에 투입되고 있다. 2023년 미국의 한 물류기업은 자율주행 트럭으로 1,500km의 화물 운송을 성공적으로 마쳤다. 한국에서도 자율주행 버스와 화물차 실험이 진행되고 있다. 이 흐름이 본격화되면 실제로 장거리 운송업 종사자들의 일자리는 당연히 급격히 줄어들 수밖에 없다. 다만 '운송업'이라는 산업 자체는 사라지지는 않는다. 자율주행차의 안전성을 감독하고, 시스템을 유지·관리하며, 법적·윤리적 문제를 조정하는 새로운 직무가 생겨날 것이다.

법률과 회계 업계도 큰 변화를 겪는다. 단순한 자료 정리와 계약서 초안 작성은 이미 AI가 담당한다. 그러나 여전히 고객은 변호사의 이름이 찍힌 문서에서 신뢰를 느끼고, 경영자는 회계사가 설명하는 목소리에서 안도감을 얻는다. 문서 자체는 AI가 만들더라도, 그것을 책임지는 최종 서명은 인간에게 있다. 법적 책임과 윤리적 판단은 아직 기계가 감당할 수 없는 부분이다. 그러나 이 신뢰마저 언제까지 인간에게 남을

지는 장담하기 어렵다. 만약 사회가 기계의 판단을 충분히 신뢰하게 된다면, 인간의 자리는 더 좁아질 수 있다.

이처럼 남는 일과 사라지는 일의 차이는 기술이 아니라 '신뢰와 맥락'에 달려 있다. 단순하고 반복적이며 정답이 명확한 일은 빠르게 사라진다. 반면 맥락을 해석하고, 인간의 감정을 다루며, 불확실성을 조정하는 일은 남는다. 그러나 이 경계는 고정된 것이 아니다. 불과 몇 년 전만 해도 번역은 인간의 영역으로 여겨졌지만, 지금은 AI 번역이 일상화되었다. 오늘은 남아 있는 것처럼 보이는 일이 내일은 사라질 수 있다. 중요한 것은 이 변화를 피할 수 없다는 사실이다. 농업, 물류, 헬스케어, 운송, 법률, 교육… 모든 영역에서 AI는 남을 일과 사라질 일을 가르고 있다. 앞으로 개인에게 필요한 것은 "내가 지금 하고 있는 일이 어느 쪽에 속하는가?"라는 냉정한 자기 점검이다. 만약 내가 반복과 규칙에 의존하는 일을 하고 있다면, 그것은 곧 사라질 가능성이 높다. 반대로 내가 공감과 맥락, 창의적 판단을 요구하는 일을 하고 있다면, 아직은 기회가 남아 있다. 그러나 이 말조차 안심의 근거가 되어서는 안 된다. **창의적 영역조차 이미 AI가 잠식하기 시작했다.** 따라서 중요한 것은 'AI가 대체할 수 없는 영역에 머무는 것'이 아니라, AI를 어떻게 나의 도구로 만들 것인가다. 남는 일을 찾아 붙잡는 것이 아니라, 사라지는 일 속에서도 새롭게 남는 일을 창출해 내는 능력이 진짜 생존의 열쇠다.

AI가 만들어 내는 새로운 질서는 단순한 대체의 과정이 아니다. 그것은 '노동의 본질'을 재편하는 과정이다. 인간은 더 이상 단순히 노동을 제공하는 존재가 아니라, 기술과 결합해 새로운 가치를 설계해야 하는 존재로 바뀌고 있다. 사라지는 일은 단순히 없어지는 것이 아니라, 다른 모습으로 재조립된다. 남는 일은 과거의 잔재가 아니라, 미래의 씨앗이 된다.

지금 당신이 하고 있거나 계획하고 있는 일은 어느 쪽에 속해 있는가? 당신은 AI가 만들어 낸 새로운 질서 속에서, 스스로를 남는 쪽으로 옮겨 가려면 어떤 준비와 실행이 필요한지를 바로 찾아야 한다.

잠식의 끝
– 인간의 일은 어디까지 남을까?

"기계는 답을 줄 수 있지만,
질문은 인간만이 던질 수 있다."

— 노버트 위너(사이버네틱스 창시자)

AI와 자동화가 거의 모든 영역을 잠식하고 있는 지금, 우리는 근본적인 질문과 마주한다. 과연 인간에게 남는 일은 어디까지일까? 농업, 제조, 물류, 금융, 창의적 산업까지, AI가 손대지 않은 영역은 거의 없다. 단순 반복의 일은 이미 사라지고, 창의와 기획조차 흔들린다. 그렇다면 인간의 노동은 종말을 맞이하는 것일까, 아니면 여전히 남아 있는 자리가 있는 것일까?

2024년 **NASA**와 **SpaceX**는 AI 기반 자율 비행 시스템을 통해 복잡한 궤도 계산과 임무 제어를 자동화했다. 예전에는 수십 명의 과학자와 엔지니어가 동시에 작업하던 일을, 이제는 AI가 실시간 엄청난 속도로 처리하고 있다. 그러나 아이러니하게도 연구자들의 역할은 사라지지 않았다. 오히려 더 중요해졌다. AI가 제공하는 수많은 시뮬레이션 결과

중 어떤 경로를 선택할지, 어떤 위험을 감수할지는 여전히 인간의 판단에 달려 있다. 기계는 가능한 수천 가지 시나리오를 던져 줄 수 있지만, 그 중 어느 길을 '인류의 선택'으로 할지는 인간만이 결정할 수 있다. AI가 연구와 계산을 대신해도, 인간의 통찰과 결단은 여전히 남는다는 사실을 우주 탐사라는 극단적 영역은 새로운 가능성을 보여 주었다.

기후위기 대응 역시 마찬가지다. 2023년 유럽에서는 기후 데이터 분석에 AI가 활용되면서, 폭염과 홍수 같은 재난 예측 능력이 크게 향상되었다. 하지만 실제로 대피 명령을 내리고, 주민들을 설득해 안전한 곳으로 이동시키는 일은 인간들의 몫이었다. 데이터와 알고리즘은 예측을 제공하지만, 사회적 신뢰를 바탕으로 한 결정과 실행은 기계가 대신할 수 없다.

한국에서도 태풍 '카눈' 대응 과정에서, 기상청의 AI 예측 모델이 빠른 경로를 제시했지만, 주민 대피와 재난 관리의 실제 현장에서는 여전히 공무원과 소방대원이 주도적인 역할을 했다. 인간의 일이란, 단순히 정보를 다루는 것이 아니라, 공동체를 설득하고 이끄는 힘을 포함한다.

일본은 초고령 사회에 대응하기 위해 로봇 간병인을 도입했다. 환자를 들어 올리고, 간단한 생활 보조를 하는 데 로봇은 탁월하다. 그러나 환자들이 "로봇은 차갑다"고 느끼며 정서적 불안을 호소하는 경우가 많았다. 결국 정부는 로봇을 보조적으로 두되, 인간 돌봄 인력을 유지하고 정서적 교류 교육을 강화하는 쪽으로 방향을 수정했다. 기본적으로 간병이란 단순한 신체노동이 아니라, 환자의 불안을 달래고 존엄을 지켜 주는 행위이기 때문이다. 사회복지와 돌봄의 영역 역시 AI는 물리적 역할은 대신할 수 있어도, 관계 속에서 이루어지는 정서적 노동까지는 대체할 수 없다.

교육 역시 인간이 여전히 강력한 자리를 지니는 영역이다. AI 튜터는 개인화된 학습 피드백을 제공하고, 학생의 이해 수준을 정밀하게 분석할 수 있다. 그러나 교사의 존재는 여전히 필요하다. 한국에서 진행된 한 연구에 따르면, AI 튜터만으로 학습한 학생들은 성적은 일정 부분 향상되었으나, 학습 동기와 자기효능감은 오히려 낮아졌다. 반면 인간 교사의 지도와 피드백을 함께 받은 학생들은 성적 향상뿐 아니라 학습 지속 의지가 크게 높았다. 지식 전달은 기계가 대신할 수 있어도, 학습 동기를 불러일으키는 인간적 관계는 여전히 교사의 몫이었다.

리더십과 정치의 영역도 한번 살펴보자. 이미 몇몇 국가에서는 정책 시뮬레이션에 AI를 활용하고 있다. 예산 배분, 교통 정책, 에너지 사용량 최적화 같은 문제는 알고리즘이 인간보다 훨씬 더 효율적으로 계산한다. 그러나 그 결정을 사회적으로 받아들이게 만드는 것은 인간 정치인의 언어와 태도다. AI가 도출한 '최적의 정책'이 반드시 시민에게 받아들여지는 것은 아니다. 때로는 비효율적이고 감정적인 선택이 공동체를 더 단단히 묶기도 한다. 정치란 단순히 계산의 문제가 아니라, 신뢰와 정당성의 문제이기 때문이다.

결국 남는 일의 본질은 **'관계와 의미'**에 있다. AI가 모든 산업을 효율적으로 재편하더라도, 인간은 여전히 의미를 해석하고 관계를 구축하는 존재로 남는다. 과학에서 선택의 순간, 재난에서의 설득, 간병에서의 공감, 교육에서의 동기 부여, 정치에서의 정당성 확보. 이 모든 것은 데이터와 알고리즘으로만 설명할 수 없는 영역이다.

그러나 여기서 우리는 착각하지 말아야 한다. "남는 일은 인간의 것이다"라는 안도는 위험하다. 남는 일조차 기술의 발전 속에서 다시 흔들릴 수 있기 때문이다. 과거 번역가들이 "언어는 인간의 고유한 영역"이라 믿었던 것처럼, 오늘 우리가 "공감은 인간의 고유한 능력"이라 말할 때, 내일은 그것조차 AI가 흉내 낼 수 있다. 실제로 2024년에는 감정 인식 AI가 환자의 얼굴 표정을 읽고 상담자의 역할을 보조하는 실험이 시작되었다. 인간의 고유한 자리가 점점 더 줄어드는 현실을 무시할 수 없다.

따라서 중요한 것은 '남는 일이 무엇인가'를 찾는 것이 아니라, **'인간은 어떻게 스스로를 다시 정의할 것인가'**이다. AI가 잠식한 뒤에도 남는 자리는 있다. 그러나 그것을 고정된 영역으로 믿는 순간, 우리는 다시 똑같은 위기를 맞이할 것이다. 인간은 늘 도구를 만들고, 도구에 의해 자기 일을 재정의해 왔다. 농업에서 산업으로, 산업에서 서비스로, 서비스에서 창의로 이동해온 것처럼, 이제는 AI와 함께 새로운 정의를 내려야 한다.

AI의 잠식은 끝이 아니다. 오히려 그것은 **인간이 자기 일을 다시 쓰는 계기**가 되었다. 이제 "인간의 일은 어디까지 남는가?"라는 질문은 결국 "우리는 어떤 존재로 남을 것인가?"라는 더 큰 질문으로 바꾸어야 한다.

4장

AI 전환과 구조조정의 비밀

AI 전환과 구조조정의 비밀

"우리는 가격은 알아도 가치는 모른다."

— 오스카 와일드

기업은 무엇으로 움직이는가? 수없이 많은 답이 오갔다. 사회적 책임, 혁신, 비전 같은 단어들이 무대를 장식했지만, 결국 기업 운명을 지배하는 단 하나의 힘이 있었다. 그것은 효율성이다. 효율은 기업 생존을 위한 가장 본질적인 언어이며, 시장이라는 전쟁터에서 살아남기 위해 반드시 붙잡아야 하는 무기였다. 그리고 효율의 논리가 가장 선명하게 드러나는 순간이 있다. 바로 구조조정이다.

숫자는 감정보다 설득력이 강하다. 누군가의 열정과 헌신은 흐릿하게 남지만, 생산량의 증가나 비용의 절감은 명확히 기록된다. 기업은 이 숫자를 근거로 사람을 남기고 내보낸다. 분기 실적이 기대치보다 낮으면, 아무리 내부에서 수많은 노력이 있었다 해도 경영진은 실패자로 낙인찍히고, 반대로 인건비를 줄이고 수익을 끌어올렸다면 내부의 고

통이 무엇이든 시장은 환호한다. 구조조정은 이 세계에서 가장 극단적으로 숫자를 숭배하는 의식이다.

AI와 자동화는 이 효율성의 갈망을 현실로 바꾸는 도구다. 인간이 며칠씩 걸려 처리하던 데이터를 몇 초 만에 정리하고, 오류 없이 패턴을 분석하며, 피로 없이 끊임없이 작동한다. 경영진의 눈에 AI는 단순한 기술이 아니라, 구조조정을 정당화하는 가장 강력한 무기다. 더 적은 인력으로 더 많은 성과를 만들어낼 수 있다면, 사람을 줄이는 것은 선택이 아니라 생존의 수단이 된다.

그러나 구조조정의 논리는 언제나 단순하지 않다. 효율은 한쪽의 이익을 보장하면서 동시에 다른 쪽의 손실을 낳는다. 기업은 비용을 줄였다고 안도하지만, 그 과정에서 사라지는 것은 사람의 자리이고, 잊히는 것은 인간의 존엄이다. 남겨진 이들 사이에서는 불안과 피로가 증폭되고, 신뢰와 관계는 금이 간다. 눈에 보이는 수치 뒤에는 눈에 보이지 않는 사회적 비용이 따라붙는다.

더욱 중요한 것은 구조조정이 기업의 언어를 바꾼다는 점이다. 기업은 해고라는 단어 대신 '전환', '최적화', '혁신'이라는 표현을 사용하며 효율성을 포장한다. 그 언어는 분노를 무디게 하고, 때로는 변화에 박수를 치게 만든다. 구조조정은 숫자 이상의 의미를 가진다. 그것은 기업의 사고방식이며, 세계를 보는 틀이 된다. 이 틀 속에서 인간은 불편한 존재가 된다. 기계처럼 일정하지 않고, 감정에 흔들리며, 때로는 멈춰

서기도 한다. 그러나 바로 그 불완전함 속에 인간의 가치가 있다. 효율만으로는 설명할 수 없는 세계가 있고, 인간만이 만들어 낼 수 있는 의미가 있다. 하지만 구조조정의 언어와 숫자의 논리는 이 차이를 기록하지 않는다. 결국 인간은 주변으로 밀려난다.

우리는 이 과정에서 기업이 왜 효율성을 숭배하며 구조조정을 선택하는지, 그 과정에서 사람과 사회는 어떤 균열을 겪는지, 그리고 효율만을 좇는 방식이 우리 모두에게 어떤 그림자를 드리우는지를 살펴야 한다. 단순히 기업 경영 전략을 이야기하려는 것이 아니다. 구조조정이라는 이름의 선택이 인간의 삶과 사회 전체에 어떤 흔적을 남기는지를 보여 주는 기록을 남기고 싶은 것이다.

효율은 필요하다. 그러나 전부는 아니다. 기업은 효율성을 통해 살아남지만, 효율만으로는 오래가지 못한다. 생산성과 인간성, 숫자와 존엄, 단기 성과와 장기 신뢰 사이의 균형이 필요하다. 지금 이 시점은 바로 그 균형을 잃어버린 세계에서, 우리가 무엇을 다시 묻고 어떤 길을 선택해야 하는지를 사유하기 위한 출발점이다.

숫자가 지배하는 세계
– 비용 절감의 공식

"측정할 수 없는 것은
관리할 수 없다."

― 피터 드러커

기업의 세계에서 감성은 중요하지 않다. 결국 최종 의사결정에 가장 큰 영향을 미치는 것은 숫자다. 매출, 비용, 영업이익률, 주가, 배당률 같은 숫자는 조직의 생존을 가늠하는 지표이자 경영진의 성패를 좌우하는 기준이다. 이 세계에서는 "얼마나 인간적이냐"보다 "얼마나 효율적이냐"가 훨씬 더 설득력 있는 언어로 기능한다. 피터 드러커가 "측정할 수 없는 것은 관리할 수 없다"고 말했듯, 기업은 숫자로 현실을 정의하고, 숫자로 전략을 세우며, 숫자로 인간의 가치를 판단한다.

AI와 자동화가 기업 현장에 도입되는 것도 같은 맥락이다. AI의 가장 큰 매력은 '효율성'이라는 이름으로 환산되는 수치다. 한 명의 직원이 하루 여덟 시간 일할 때 처리할 수 있는 문서의 양과, AI가 24시간 동안 멈추지 않고 만들어 내는 결과물을 비교하는 순간, 경영진은 더 이상 고민하지 않는다. 비용 절감 효과와 생산성 향상 수치가 명확하다면, 인간이 맡던 역할은 자연스럽게 축소된다. 숫자가 지배하는 세계에서 선택은 단순하다.

인원 감축의 새로운 언어 - 인건비와 AI

기업이 지출하는 비용 가운데 가장 비중이 큰 항목은 인건비다. 통계청 산업활동 통계 조사 결과에 따르면 2024년 기준 국내 제조업 총비용에서 인건비가 차지하는 비율은 약 36%에 달했다. 서비스업으로 가면 이 비중은 50%를 넘어선다. 글로벌 기업의 경우에도 상황은 비슷하다. 맥킨지 보고서에서도 전 세계 기업이 운영비 절감의 첫 번째 타깃으로 삼는 영역은 인건비와 인력 관리다. 실제 컨설팅 현장에서 기업의 비용 절감 영역에서 가장 큰 효과를 보는 것이 바로 인력 관리 및 조직 구조의 변화를 통한 인건비의 조정 부분이다. AI는 바로 이 지점에서 압도적인 수치를 만들어 낸다.

글로벌 컨설팅사 딜로이트가 2024년에 발표한 자료[16]에 따르면, 기업이 AI를 도입했을 때 평균적으로 **운영비용의 20~30%를 절감**할 수 있었다. 특히 단순 사무직과 고객 응대 부문에서는 **50% 이상 비용 절감**이 가능했다. 이 숫자는 경영진에게 매우 설득력 있게 다가온다. 사람을 줄이지 않고는 불가능했던 절감을 기술로 가능하게 만들었기 때문이다.

16　Deloitte, *Stateof AI in the Enterprise 2024*. (AI 현황 보고서)

아마존은 2023년부터 물류센터 운영에 AI와 로봇을 본격적으로 투입했다. 그 결과, 기존에 1만 명이 담당하던 물류 분류와 이동 업무를 절반 수준의 인원으로 운영할 수 있게 되었다. 아마존은 공식적으로 "효율성 개선"이라고 표현했지만, 실질적으로는 인원 감축과 동일한 효과였다. 2024년과 2025년 상반기에만 수만 명의 인원을 감축했던 구글 경영진은 성명에서 "AI 중심 기업으로의 전환을 위한 불가피한 선택"이라고 설명했다. 단순한 해고가 아니라, AI로 업무 프로세스를 재편한다는 명분이었지만, 내부적으로는 비용 절감의 효과가 가장 컸다. 인건비가 줄어든 만큼 분기 실적은 개선되었고, 주가는 단기간에 반등했다. 숫자가 모든 걸 말해 주는 순간이었다.

우리나라도 역시 비슷한 상황이다. 현대자동차는 2024년 생산 공정에 AI 기반 품질 관리 시스템을 확대 적용하면서 검사 인력을 일부 줄였다. 불량 검출 정확도는 기존 대비 40% 향상되었고, 인력 운영 비용은 연간 수백억 원 절감 효과를 거두었다. 경영진 입장에서 이 선택은 의심할 여지가 없었다. 금융권은 어떨까? 카카오뱅크와 신한은행은 고객상담과 대출심사 과정에 AI를 적극 도입했다. 특히 카카오뱅크는 챗봇을 통해 고객 문의의 70% 이상을 처리한다. 이는 상담 인력을 대폭 줄일 수 있는 근거가 되었다. 2024년 카카오뱅크의 보고서에 따르면, 챗봇 도입으로 연간 약 300억 원 이상의 인건비가 절감되었다. 효율성은 곧 비용절감으로 환산되었고, 그 결과는 투자자와 주주에게 긍정적인 신호로 작용했다.

KPI와 효율성의 압력

기업 내부에서 AI 도입을 가속화하는 또 다른 동력은 성과지표다. KPI와 ROI, 그리고 EBITDA 같은 지표는 숫자로만 성과를 증명한다. 직원의 열정, 창의성, 충성심은 숫자로 환산하기 어렵지만, 비용 절감과 생산성 향상은 즉각적인 수치로 나타난다. 한 글로벌 제조기업은 AI를 도입해 생산 공정 시간을 단축한 결과, ROI(Return on Investment)가 18개월 만에 200%를 넘어섰다. 투자한 비용 대비 두 배의 효과를 거둔 셈이다. 이 수치는 경영진과 이사회, 투자자에게 강력한 설득력이 된다. 반대로 인간을 유지하는 비용은 투자 대비 효과가 불명확하게 보인다. KPI와 ROI의 논리 속에서 인간은 점점 설 자리를 잃는다.

효율성을 넘어선 새로운 비용

그러나 숫자만이 모든 것을 설명하지는 않는다. 효율성을 추구한 결과, 장기적으로 더 큰 비용을 초래한 사례도 있다. 미국의 한 항공사는 고객 서비스의 90%를 AI 챗봇에 의존했다가, 알고리즘 오류로 대규모 항공편 지연 사태를 맞이했다. 고객 불만이 폭증했고, 결국 브랜드 이미지 회복을 위해 수천만 달러의 마케팅 비용을 추가로 지출해야 했다. AI 도입으로 인건비는 절감했지만, 브랜드 신뢰 훼손이라는 새로운 비용이 발생한 것이다. 숫자가 지배하는 세계에서도 보이지 않는 비용은 반드시 존재한다. 그럼에도 불구하고 단기적인 성과와 효율의 숫자는 여전히 경영진에게 가장 큰 영향을 미친다.

숫자가 만드는 선택

　AI 시대의 기업은 숫자에 의해 끊임없이 압박받는다. 분기마다 실적을 공개해야 하고, 투자자와 주주의 기대치를 충족시켜야 한다. 숫자가 만족스럽지 않으면 경영진은 자리에서 물러나야 한다. 이런 환경에서 인건비 절감과 생산성 향상이라는 명확한 수치를 제시하는 AI는 기업 입장에서는 거부할 수 없는 선택지가 된다. "우리는 숫자를 관리하는 것이 아니라, 숫자가 우리를 관리한다." 어느 경영자가 남긴 이 말은 오늘날 기업 세계의 본질을 꿰뚫는다. 효율성은 인간성을 압도하고, 비용 절감은 곧 생존과 직결된다. AI 도입은 선택이 아니라 필연으로 다가온다.

구조조정의 새로운 언어
– 'AI 전환'

"악은 때로
평범한 언어로 포장된다."

— 한나 아렌트

기업의 역사는 구조조정의 역사라고 해도 과언이 아니다. 산업화 이후 기업은 주기적으로 인력을 줄이고 사업을 재편하며 위기를 넘어왔다. 과거에는 경기 침체, 수요 감소, 원자재 가격 급등 같은 외부 환경이 구조조정을 촉발했다. 그러나 21세기에 들어서 구조조정은 새로운 언어를 얻었다. 그것이 바로 **'AI 전환(AI Transformation)'**이다.

과거의 구조조정이 단순히 비용 절감을 목표로 했다면, 지금의 구조조정은 기술 도입을 명분으로 삼는다. 해고라는 단어는 '업무 자동화', 'AI 최적화', '디지털 전환' 같은 화려한 표현 속에 감춰진다. 실제로는 사람을 줄이는 일이지만, 표면적으로는 미래를 준비하는 전략적 선택처럼 포장된다. 언어는 현실을 바꾸고, 언어는 고통을 은폐한다.

AI라는 새로운 명분

2023년부터 전 세계 기업들의 감원 공지는 공통적인 수사를 사용하기 시작했다. "AI 기반 경쟁력 확보", "AI 퍼스트 조직으로의 전환", "AI를 통한 업무 효율성 제고" 같은 문구들이 그것이다. 숫자로는 수천 명에서 수만 명의 인원이 줄었지만, 기업들은 이를 해고가 아닌 'AI 전환'이라고 부른다. 구글 CEO 순다 피차이는 내부 성명에서 "AI 중심 기업으로 나아가기 위한 필수적 결정"이라고 말했다. 단순한 해고가 아니라, 회사의 정체성을 바꾸는 혁신적 과정이라는 논리였다. 하지만 실상은 인건비 감축이었고, 남은 직원들은 더 많은 업무를 떠안아야 했다.

아마존도 비슷했다. 2023년 말, 아마존은 미국 내 전역의 물류센터 인력 2만 명 이상을 줄였다. 공식 보도자료에서는 '물류 AI 최적화 프로젝트'라는 이름이 붙었다. 인간 노동자 대신 로봇과 알고리즘이 물류의 흐름을 관리한다는 설명이었다. 그러나 현장의 노동자들에게 그것은 단순한 해고 통보였다.

국내 기업들도 같은 흐름을 보인다. **LG CNS**는 2024년 초, 내부 문서에서 "AI 중심 프로세스 전환에 따라 중복 인력은 재배치한다"는 입장을 밝혔다. 겉으로는 '재배치'였지만, 실제로는 희망퇴직과 계약 해지로 이어졌다. 카카오 역시 2023년 하반기 조직 개편 과정에서 "AI 경쟁력 강화"를 내세우며 일부 부서를 통합하고 인원을 줄였다. 내부에서는 불안과 반발이 컸지만, 공식 발표문은 미래지향적 언어로 가득했다. "AI로 더 나은 고객경험 제공", "AI 중심 서비스 혁신"이라는 표현이 반복되었지만, 사라진 것은 사람의 자리였다.

데이터로 본 'AI 전환'의 실체

PwC가 2024년에 발표한 보고서에 따르면, AI 도입을 이유로 한 구조조정은 전 세계에서 빠르게 확산되고 있다. 2023년 한 해 동안 AI를 명분으로 감원을 단행한 기업의 수는 글로벌 500대 기업 중 38%에 달했다. 특히 기술, 금융, 유통서비스 분야에서 집중적으로 나타났다. 미국 IT 기업의 경우, 2023~2024년 감원 인원의 35%가 'AI 전환'이라는 이유로 정리되었다. 단순한 불황 대응이 아니라, 기술 변화 자체가 구조조정의 원인으로 부상한 것이다. 한국에서도 고용노동부 조사에 따르면 2024년 상반기 희망퇴직을 시행한 20개 기업 중 11곳이 'AI 도입 및 자동화'를 공식 이유로 들었다.

구조조정은 항상 고통을 동반한다. 그러나 바로 그 언어가 실상의 고통을 가린다.

과거에는 '인력 감축'이라는 말이 곧바로 사람들의 분노를 불러일으켰다. 하지만 'AI 전환'이라는 단어는 해고의 부정적 이미지를 희석시킨다. '전환'은 발전과 성장을 연상시키고, 'AI'는 혁신의 상징처럼 받아들여진다. 실제로 많은 기업들은 내부 보고서에서 "AI 도입에 따른 인력 최적화"라는 표현을 사용하고 있다. '최적화'라는 단어는 효율을 떠올리게 하고, 불필요한 낭비를 줄이는 긍정적 이미지로 읽힌다. 그러나 최적화되는 것은 사람의 자리다. 해고라는 단어는 'AI 전환'이라는 평범하고 미래지향적인 언어 속에 숨어 사회적 저항을 약화시킨다.

숫자로 정당화되는 결정

AI 전환의 언어가 힘을 갖는 이유는 숫자가 그 언어를 뒷받침하기 때문이다. 인건비 절감률, ROI 향상, 생산성 개선 같은 데이터가 공개되면, 투자자와 주주는 기업의 선택을 긍정적으로 평가한다. 예를 들어, 마이크로소프트는 2023년 클라우드 사업부에서 일부 인력을 줄이는 대신 AI 연구개발 예산을 늘렸다. 그 결과 클라우드 부문의 영업이익률은 전년 대비 12% 상승했다. 숫자는 곧바로 주가에 반영되었고, 시장은 환호했다. 해고로 인한 개인의 고통은 숫자 속에 묻혔다.

'AI 전환' 이후 남는 것

AI 전환이라는 이름의 구조조정은 단순히 고용 축소만을 의미하지 않는다. 남은 사람들에게 더 많은 업무가 주어지고, 불안감은 조직 전체에 확산된다. 직원들은 자신이 언제까지 안전한지 알 수 없고, 끊임없이 "다음은 내가 아닐까"라는 의심 속에서 일한다. AI 전환은 단기적으로는 효율성을 높이지만, 장기적으로는 조직의 신뢰를 훼손한다.

MIT 슬론 리뷰가 2024년 발표한 조사에 따르면, AI 전환을 이유로 구조조정을 단행한 기업의 62%에서 직원들의 조직 몰입도와 충성도 지수가 20% 이상 하락했다. 숫자로는 비용 절감이었지만, 보이지 않는 비용은 더 크게 늘어났다.

구조조정은 여전히 기업의 생존 전략이다. 다만 언어가 달라졌을 뿐이다. 해고라는 단어는 사라지고, 그 자리를 'AI 전환'이 대신한다. 그러나 이 언어는 현실을 바꾸지 않는다. 사라지는 것은 여전히 인간의 자리이고, 그 고통은 여전히 누군가의 몫이다.

"언어는 인간의 집이다." 하이데거의 이 말처럼, 기업이 선택하는 언어는 곧 그들의 세계관을 드러낸다. 오늘날 기업의 언어는 효율성과 기술을 숭배하며, 인간의 자리를 조용히 지워 간다. 구조조정의 새로운 언어는 혁신의 미래가 아니라, 인간을 밀어내는 또 다른 방식일 뿐이다.

보이지 않는 해고
- 자동화가 대체한 자리들

"가장 큰 변화는
가장 조용히 다가온다."

— 레오 톨스토이

구글에서 16년간 근무한 한국인 로이스 킴은 다른 날과 마찬가지로 업무를 위해 회사 메일을 열었다. 아무리 접속해 봐도 열리지 않자 버그인가 보다 하고 개인 이메일을 열어 보고는 한참 동안 말을 하지 못했다고 한다. 회사 명의로 온 메일에는 '당신의 고용에 관한 고지'라는 제목의 공지사항이 떠 있었다. 그 안에는 **'We no longer have a job for you at Google(구글(회사)에 이제 더 이상 당신의 일은 없다)'**라는 내용이 적혀 있었고, 바로 다음 줄에는 오늘부터 나오지 않아도 된다는 짧은 문장만 남아 있었다. 사전 통보도 없이 간 밤에 12,000명에 대한 해고 통보가 날아 들었던 것이다. 이렇듯 요즘의 해고는 사전 공지와 함께 다가오는 것은 아니고, 문서에 적힌 숫자나 뉴스 속 보도자료로만 확인되는 것이 아니다. 어떤 해고는 아무런 말도 없이 진행된다. 누군가의 책상이 비워지고, 그 자리를 채우는 것은 새로운 직원이 아니라 자동화 시스템과 알고리즘이다. 이 과정을 사람들은 지켜볼 수밖에 없고, 조용한 해고는 이미 우리들 일상으로 파고들었다.

조용한 시작 - 채용 축소

보이지 않는 해고는 신규 채용의 축소로부터 시작된다. 과거에는 매년 수백 명씩 뽑던 부서가 갑자기 신규 인력을 줄이거나 모집을 중단한다. 표면적인 이유는 시장 상황이나 사업 전략 변화이지만, 실제로는 이미 자동화 시스템이 그 자리를 대신하기 시작했기 때문이다.

한국 고용정보원 자료 기준, 2024년 상반기 사무·행정직 신규 채용 공고 수는 전년 대비 **38% 감소**했다. 같은 기간 AI 기반 문서 관리 솔루션 매출은 **45% 증가**했다. 이 수치는 채용 축소가 단순한 불황이 아니라 기술 도입의 직접적 결과임을 보여 준다. 해고 공지는 없었지만, 그 자리는 더 이상 사람을 필요로 하지 않는다.

자동화가 만들어 낸 '고용 공백'

콜센터는 보이지 않는 해고가 가장 뚜렷하게 나타나는 현장이다. 과거 수백 명의 상담원이 교대로 근무하던 공간에 이제는 챗봇이 자리 잡았다. 미국 AT&T는 2023년 고객 상담 업무의 70%를 AI 챗봇으로 전환했다. 그 결과 신규 상담원 채용 규모가 전년 대비 60% 줄었다. 공식적인 해고 발표는 없었지만, 일자리는 사라졌다. 한국에서도 SK텔레콤은 2024년 상반기 AI 상담 비율을 80%까지 끌어올렸다. 기존 상담 인력은 감축되지 않았다고 발표했지만, 신규 채용이 사실상 전면 중단되었다. 보이지 않는 해고가 일어난 것이다.

물류센터와 생산 라인 역시 보이지 않는 해고의 전형적 무대다. 아마존 물류센터에는 로봇 키바(Kiva)가 도입되면서 작업 속도가 인간보다 두 배 이상 빨라졌다. 2012년만 해도 아마존은 매년 수천 명의 물류 인력을 새로 고용했지만, 2023년 이후 신규 채용 규모는 절반 이하로 줄었다. 한국의 쿠팡 역시 2024년부터 인공지능 로봇을 대규모로 투입했다. 공식적인 감원 발표는 없었으나, 쿠팡의 물류센터 신규 채용 인원은 전년 대비 **42% 감소**했다. 노동자의 자리가 줄어든 것은 분명하지만, 기업 보고서에는 'AI 기반 물류 최적화'라는 문장만 남았다.

보이지 않는 해고는 단순 노동에서만 일어나는 것이 아니다. 컨설팅 회사이자 회계 법인인 PwC는 2024년 AI 회계 시스템을 도입하면서 초급 회계사들의 단순 보고서 작성 업무를 줄였다. 그 결과 신입 회계사 채용 규모가 30% 축소되었다. 하지만 공식적으로는 "업무 효율화"라는 말만 남았다. 법률 업계에서도 비슷하다. 미국 로펌 베이커 앤드 맥킨지(Baker McKenzie)는 AI 리서치 도구를 도입한 뒤, 법률 리서치 부서의 인턴 채용을 50% 이상 줄였다. 그 누구도 해고 통보를 받지 않았지만, 젊은 변호사들의 진입 기회는 사라졌다.

보이지 않는 해고의 핵심은 자리가 아예 만들어지지 않는다는 점이다.

기존 직원들은 자리를 지키고 있지만, 새로 들어올 사람들의 기회는 닫힌다. 이 현상은 고용 통계에서 분명하게 드러난다. 세계경제포럼(WEF)은 2023년 보고서에서 2027년까지 **8,300만 개의 일자리가 사라지고 6,900만 개의 일자리가 새로 생겨난다**고 전망했다. 표면적으로는 일자리가 줄어드는 것이 아니라 교체되는 것처럼 보인다. 그러나 새로 생겨나는 일자리는 대부분 고급 기술 역량을 필요로 하는 직무다. 저숙련 노동자나 단순 반복 업무를 담당하던 사람들에게는 사실상 기회가 닫히는 셈이다. 고용 공백은 바로 보이지 않는 해고의 다른 이름이다.

기업의 전략적 침묵

기업은 이 현상을 잘 알고 있지만, 적극적으로 말하지 않는다. 해고라는 단어를 쓰는 순간 사회적 비판과 노조 반발이 따라오기 때문이다. 대신 기업들은 "효율화", "최적화", "전환" 같은 언어를 사용하며, 조용히 채용을 줄이고 자동화를 확대한다.

MIT 경제학과 교수 다론 아세모글루[17]는 이를 두고 "기술은 새로운 직업을 만들기도 하지만, 동시에 눈에 보이지 않는 방식으로 기존 직업을 잠식한다"고 지적했다. 결국 보이지 않는 해고는 바로 이러한 잠식

---

17   다론 아세모글루(Daron Acemoglu, 1967 -). 튀르키예 출신, MIT 경제학과 교수. '국가간 번 영의 차이에 관한 연구'로 사이먼 존슨 MIT 경제학과 교수, 제임스 A. 로빈슨 시카고대 교수 와 함께 2024년 노벨경제학상을 수상함.

의 과정이다. 한 번에 대규모로 줄이는 것이 아니라, 서서히, 그러나 확실하게 사람을 밀어내는 과정이다.

인간이 빠져나간 자리의 그림자

보이지 않는 해고는 숫자로는 잘 드러나지 않는다. 해고자 수, 실업률 통계 같은 지표에는 잡히지 않는다. 하지만 그 여파는 개인의 삶에 치명적으로 다가온다. 더 이상 신규 채용이 없고, 경력의 사다리는 끊기며, 사회 진입의 문은 닫힌다. 청년층의 좌절감이 커지는 것도 이 때문이다.

한국 청년고용연구소 조사에 따르면 2024년 대학 졸업자의 42%가 "자신의 전공 분야 일자리가 기술로 인해 줄어들고 있다"고 답한 것으로 확인되었다. 이는 불황 때문이 아니라, 자동화 도입 때문이라는 인식이 확산되고 있음을 보여 준다.

해고는 더 이상 모두가 보는 앞에서만 일어나지 않는다. 자동화는 새로운 사람을 들이지 않음으로써 사람의 자리를 지운다. 채용 축소, 인턴 기회 감소, 신규 직무 공고의 사라짐. 이것이 보이지 않는 해고의 얼굴이다. "가장 큰 변화는 가장 조용히 다가온다." 톨스토이의 말처럼, 지금 기업 세계의 변화는 공식 발표보다 보이지 않는 자리에서 조용히 그러나 더 치명적으로 진행되고 있다. 눈에 띄지 않지만, 한 세대 전체의 미래를 바꾸는 힘을 가지고 있다.

충돌하는 가치
– 생산성 vs 인간성

"인간은 기계의 부속품이 아니다."

— 카를 마르크스

우리가 이미 알고 있다시피 기업의 역사는 생산성 향상과 이윤추구의 역사다. 중기기관의 발명 이후부터 인간은 끊임없이 더 많이, 더 빨리, 더 효율적으로 생산하기 위해 기술을 도입해 왔다. 그러나 생산성 향상이 언제나 인간의 행복과 연결된 것은 아니었다. 오히려 효율성을 추구하는 과정에서 인간성은 종종 뒷전으로 밀려났다. 오늘날 AI와 자동화의 확산은 이 갈등을 전례 없는 수준으로 드러내고 있다.

생산성이라는 절대 가치

기업은 이윤을 극대화하기 위해 존재한다. 경제학자 밀턴 프리드먼이 말했듯, "기업의 사회적 책임은 이윤을 창출하는 것"이다. 이윤은 곧 생산성과 직결된다. 동일한 자원으로 더 많은 산출을 만들어 낼 수 있다면, 그 기업은 시장에서 경쟁우위를 확보한다.

아마존은 물류 자동화와 AI 관리 시스템을 통해 세계에서 가장 효율적인 공급망을 구축했다. 그러나 동시에 노동자들의 인간성은 크게 훼손되었다. 2023년 뉴욕타임스 조사에 따르면, 아마존 물류센터 노동자들의 평균 이직률은 150%를 넘었다. 이는 매년 한 번 이상 전 직원이 교체된다는 의미다. 시스템은 노동자의 움직임을 초 단위로 추적하며, 비생산적 행동을 기록한다. 화장실을 가는 시간조차 데이터로 분석된다. 효율은 극대화되었지만, 인간의 기본적 권리는 침해당했다. 한 전직 아마존 노동자는 "나는 사람이 아니라 기계의 부속품처럼 느껴졌다"고 증언했다. 생산성과 인간성의 충돌이 극명하게 드러난 사례다.

배달 플랫폼의 양면성

한국의 배달 플랫폼 시장 역시 비슷하다. 플랫폼 시스템 내에서는 알고리즘이 주문을 배정하고, 배달 동선을 최적화한다. 그 결과 배달 한 건당 소요 시간이 단축되고, 생산성은 눈에 띄게 증가했다. 2024년 한국소비자연맹 보고서에 따르면, 배달 기사들의 평균 생산성은 2019년 대비 **약 55% 상승**했다. 그러나 같은 기간 산재 사고 건수는 **37% 증가**했다. 속도를 올리라는 압박은 곧 안전을 위협했다. 배달 기사들은 인간으로서의 휴식과 안전보다, 시스템이 요구하는 효율성에 맞추어야 했다. 기업은 '효율화'를 강조하지만, 노동자들은 인간성을 잠식당하고 있었다.

은행과 증권사 역시 최근 2~3년 사이 AI를 적극적으로 도입했다. 고객 상담, 대출 심사, 투자 포트폴리오 관리 같은 업무가 자동화되면서 금융 서비스의 속도와 정확도는 크게 향상되었다. 하지만 동시에 인간적 관계와 신뢰는 약화되었다. 한국금융연구원에 따르면, 2024년 은행 고객의 62%가 "상담 과정에서 인간적인 따뜻함이 부족하다"고 응답했다. 챗봇과 자동화 시스템은 효율적이지만, 정서적 만족을 주지 못한다. 금융은 본질적으로 신뢰의 산업인데, 효율만 남고 인간성이 사라진다면 장기적으로 고객 충성도는 약화된다.

데이터로 드러난 균열

하버드비즈니스리뷰(HBR)는 2023년 보고서에서 "AI 도입 후 생산성은 단기적으로 크게 향상되지만, 직원 만족도와 조직 몰입도는 평균 20% 감소한다"고 지적했다. 효율과 인간성은 단순히 다른 가치가 아니라, 실제로 충돌하고 있다는 증거다. MIT 슬론 매니지먼트 리뷰 역시 2024년 조사에서, AI 도입 기업의 58%가 "생산성은 높아졌지만 직원들의 이직률이 증가했다"고 보고했다. 이 수치는 생산성 향상이 인간성 훼손으로 이어지고 있음을 보여 준다.

효율만으로 인간을 판단할 수 있을까? 인간은 생산성을 높이는 도구 이상의 존재다. 철학자 칼 마르크스는 "노동은 인간의 본질적 활동"이 라고 말했다. 노동은 단순히 물질적 산출을 위한 것이 아니라, 인간이 자신을 표현하고 타인과 관계를 맺는 방식이다. 그러나 오늘날 노동은 효율의 잣대로만 평가되고 있다. 인간은 자기표현의 주체가 아니라, 효 율성을 극대화하는 기계의 경쟁자가 되고 있다.

기업의 선택, 사회의 균형

기업은 생산성을 선택할 수밖에 없다. 그것이 생존의 논리다. 그러나 사회는 인간성을 지켜야 한다. 두 가치가 충돌할 때, 균형을 잡는 것은 규제와 제도, 그리고 사회적 합의다. 유럽연합은 2024년 세계 최초로 **'AI 윤리 규제법(AI Act)'**을 통과시켰다. 이 법은 AI가 노동자의 권리를 침해하지 않도록 감시하고, 투명성을 보장하도록 요구한다. 이는 효율 만을 좇는 기업의 본능에 인간성을 다시 끌어들이려는 시도다. 생산성 과 인간성은 늘 긴장 관계에 있다. 효율만 남으면 인간은 기계의 부속 품이 되고, 인간성만 남으면 기업은 경쟁에서 뒤처진다. 진정한 과제는 두 가치를 어떻게 조율하느냐에 있다.

"효율은 수단일 뿐 목적이 아니다."라는 말처럼, 생산성은 인간의 삶 을 풍요롭게 만들기 위한 도구여야 한다. 그러나 오늘날 기업 세계에서 효율은 목적이 되어 버렸다. 그 순간 인간성은 침묵을 강요당한다.

"측정되는 것은 관리된다.
그러나 측정할 수 없는 것은 잊힌다."

— 윌리엄 에드워즈 데밍

기업은 숫자를 기반으로 성장해 왔다. 매출 성장률, 영업이익률, 시장점유율, 주가 상승률, 고객 만족도 같은 모든 항목은 숫자로 표현된다. 수치가 곧 성과이고, 성과가 곧 생존이다.

이 가운데에서도 KPI(Key Performance Indicator, 핵심성과지표)는 가장 날카로운 칼날이다. KPI는 조직의 목표를 숫자로 환산한 것이며, 직원의 존재 가치를 측정하는 잣대다. 문제는 이 잣대가 인간을 압박하고, 결국 AI와 자동화의 도입을 정당화하는 도구가 되고 있다는 점이다.

KPI가 작동하는 방식

KPI는 기업의 전략을 수치로 변환한 것이다. 예를 들어, 고객 상담 부서는 하루 100건의 문의를 처리하는 것을 KPI로 설정한다. 영업 부서는 분기별 매출 20% 성장이라는 KPI를 부여받는다. 숫자는 명확하다. 성과를 둘러싼 해석이나 논쟁의 여지를 줄이고, 달성 여부를 분명히 드러낸다. 그러나 숫자는 인간의 복잡성을 포착하지 못한다. 한 상담원이 고객의 불만을 세심히 해결하느라 더 많은 시간을 들인 경우, KPI는 오히려 그를 성과가 저조한 직원으로 판단하고 기록한다. 반대로, 기계처럼 신속하게만 응답하는 직원은 KPI 달성률이 높아 '고 성과자'로 인정받는다. 이 구조가 지속되면, 결국 기업은 기계적 효율을 인간보다 선호하게 된다.

AI는 KPI의 논리에 최적화된 존재다. 기계는 피로하지 않고, 오류율이 낮으며, 설정된 목표에 맞추어 무한히 반복할 수 있다. 예를 들어, 콜센터의 KPI가 '응답 시간 30초 이내, 처리 건수 200건 이상'이라면, 챗봇은 이를 완벽하게 달성한다. 인간 상담원은 피로와 감정 기복으로 KPI 달성률이 흔들리지만, AI는 그런 한계가 없다. 2024년 IBM 보고서에 따르면, AI 상담 시스템을 도입한 기업은 평균적으로 KPI 달성률을 향상시켰다. 특히 응답 시간과 처리 건수 같은 지표는 AI가 사람보다 두 배 이상 높은 수치를 기록했다. KPI를 기준으로 성과를 판단하는 순간, 인간은 경쟁력이 없는 존재가 된다.

구글은 2024년 대규모 인력 감축을 발표하며, 내부적으로 "KPI 기준 대비 저성과 부서"를 정리 대상으로 삼았다. 경영진은 AI 도입으로 달성 가능한 KPI 수준을 새롭게 설정했고, 그 기준에 미치지 못하는 팀은 효율성이 낮다고 판단되었다. 결국 KPI가 AI 도입을 정당화하는 기준이 되었고, 동시에 해고의 명분으로 작동했다.

국내 금융권 컨택 센터는 정확도·AHT(평균 처리 시간) 같은 정량 KPI 중심 운영이 보편화되었고, 디지털 전환 이후에는 챗봇·콜봇·보이는 ARS 확대로 응대 효율·속도가 개선되는 추세다. 업계 보고서는 처리 콜 수·AHT 등 양적 지표 의존과 함께 정확도·해결률을 결합한 평가 체계의 필요성을 지적한다. 또한 한 제조업체는 '불량률 0.1% 이하'라는 KPI를 달성하기 위해 AI 기반 영상 검출 시스템을 확대 도입했다. 인간 검사원이 도달할 수 없는 수준의 목표를 KPI로 삼고, 결국 기계만이 그 목표를 충족할 수 있다는 사실을 확인하면서 인력 축소를 단행했다.

세계경제포럼(WEF)은 2023년 보고서에서 "성과지표 중심 경영은 자동화 도입을 가속화하는 핵심 요인"이라고 지적했다. 보고서에 따르면, KPI 달성을 위해 AI와 로봇을 도입한 기업은 비도입 기업 대비 2.3배 더 빠른 속도로 인력을 줄였다.

MIT 연구 또한 2024년에 발표한 논문에서, KPI와 자동화의 관계를 분석한 결과 "불가능에 가까운 KPI를 설정한 부서에서 자동화 도입 가능성이 가장 높았다"는 사실을 밝혔다. 이는 KPI가 단순한 성과 측정 도구가 아니라, 인간을 대체하는 압력 장치로 작동한다는 점을 보여준다.

숫자의 냉혹함과 인간의 소외

문제는 KPI가 인간의 노고나 감정을 기록하지 않는다는 점이다. KPI는 '얼마나 많은 일을 했는가'를 보지만, '어떻게 했는가'를 보지 않는다. KPI는 결과를 숫자로 환산하지만, 과정 속에서 드러나는 인간의 가치를 무시한다. 철학자 자크 엘륄[18]은 "기술 사회는 효율성의 논리에 지배된다"고 말했다. KPI는 그 효율성의 논리를 조직에 이식하는 도구다. 그리고 AI는 그 논리를 완벽히 구현하는 존재다. 이 구조 안에서 인간은 점점 더 설 자리를 잃는다.

성과지표 이후의 세계

KPI가 사라질 수는 없다. 숫자와 성과는 기업의 언어다. 그러나 KPI가 전부가 되어서는 안 된다. 인간의 성과는 단순히 수치로 환산되지 않는 영역을 포함한다. 고객과의 관계, 창의적 발상, 위기 상황에서의 감정적 설득 같은 요소들은 KPI의 숫자 안에 담기지 않는다. 기업이 KPI만을 기준으로 움직일 때, 인간은 자동화의 그늘에 갇힌다. 그러나 KPI를 보완할 새로운 지표, 즉 인간적 가치를 측정하는 방식이 도입된다면, 균형을 되찾을 수 있다.

---

18   자크 엘륄(Jacques Ellul, 1912년 ~ 1994년). 프랑스 법률학자이자 철학자로 주로 20세기 기술 문명을 비판한 사상가로 알려짐.

일부 기업은 '고객감정 만족도', '직원몰입도', '창의적 아이디어 수' 같은 새로운 지표를 시도하고 있다. 이는 숫자가 아닌 인간성의 가치를 반영하려는 시도다.

KPI는 기업의 성과를 관리하는 가장 강력한 도구이지만, 동시에 인간을 소외시키는 덫이 된다. AI는 그 덫 속에서 완벽한 답안지처럼 등장하고, 인간을 밀어내는 근거로 사용된다.

"숫자는 현실의 그림자일 뿐이다." 경제학자 조지프 스티글리츠[19]의 말처럼, KPI는 현실의 일부만을 반영한다. 그러나 기업이 그 그림자만을 좇는 순간, 진짜 현실은 사라진다. KPI의 덫에서 벗어나려면, 숫자와 인간성을 동시에 고려하는 새로운 균형이 필요하다.

---

19 조지프 스티글리츠(Joseph Eugene Stiglitz, 1943년 ~). 미국의 경제학자. 컬럼비아 대학교 경영국제관계학 교수이며, 노벨 경제학상 수상자, 세계은행 부총재 역임.

효율 이후의 비용
- 보이지 않는 리스크

AI와 자동화는 효율을 약속한다. 빠른 속도, 낮은 비용, 정확한 결과. 기업은 이 유혹을 거부하기 어렵다. 그러나 효율의 그림자에는 언제나 보이지 않는 비용이 따라온다. 눈에 보이는 인건비 절감 뒤에는 숨어 있는 리스크가 자리 잡고 있으며, 그것은 시간이 지나면서 더 큰 대가로 돌아온다. 효율이 기업을 구하는 동시에 기업을 위협하는 아이러니가 여기서 발생한다.

단기 절감, 장기 손실

기업이 AI를 도입하는 주된 이유는 비용 절감이다. 하지만 절감이 언제나 순이익으로 이어지는 것은 아니다. 미국 컨설팅사 액센츄어의

2023년 조사에 따르면, AI 도입 기업의 67%가 **첫 2년간 운영비 절감 효과**를 경험했지만, 5년 이상 장기 추적 조사에서는 **42%가 예기치 못한 추가 비용**을 떠안았다. 추가 비용의 대부분은 시스템 유지보수, 알고리즘 오류 대응, 사이버 보안 강화, 규제 대응 비용이었다. 절감 효과를 누리던 기업이 몇 년 뒤 막대한 투자와 수습 비용으로 다시 흔들린 것이다. 효율은 빠르게 오지만, 리스크는 늦게 도착한다.

AI 시스템은 방대한 데이터를 기반으로 한다. 그러나 데이터는 곧 취약점이 된다. 2024년 미국 금융권에서는 AI 자동화 시스템이 해킹당해 1억 명 이상의 고객 정보가 유출되는 사건이 있었다. 단기적으로는 AI가 대출 심사와 고객 분석에서 놀라운 효율을 보여 주었지만, 보안 실패로 발생한 손실은 수십억 달러에 달했다. 한국에서도 2023년 한 카드사가 AI 기반 고객 추천 시스템을 도입했다가 개인정보 유출 사고를 겪었다. 고객 맞춤형 서비스를 위해 수집한 데이터가 역으로 공격자의 표적이 되었던 것이다. 효율은 이익을 만들었지만, 보안 실패는 그 이상의 손실을 불러왔다. AI의 판단은 언제나 옳을까? 효율은 정확성을 전제로 하지만, 알고리즘의 오류는 언제든 발생한다. 2024년 영국의 한 대형 은행은 AI 대출 심사 프로그램이 특정 지역 고객을 차별하는 결과를 내놓았다. 법적 소송으로 이어졌고, 은행은 막대한 합의금을 지불해야 했다.

이 사건은 효율적 자동화가 인간적 판단을 대체했을 때 발생하는 리스크를 보여 준다. 효율은 오차율 1%를 무시하지만, 그 1%가 사회적 약자를 겨냥할 때 문제는 단순한 통계가 아니라 도덕적 책임으로 비화된다.

브랜드 신뢰의 붕괴

효율이 단기 성과를 올려도, 브랜드 신뢰를 잃으면 장기적으로는 치명적이다. 2023년 항공사 델타는 고객 문의의 80%를 AI 상담으로 전환했다. 초기에는 운영 비용이 25% 줄고, 응답 속도도 두 배로 개선되었다. 그러나 곧 AI가 반복적으로 잘못된 답변을 내놓으면서 고객 불만이 폭발했다. SNS에는 "사람과 대화하고 싶다"는 불만이 쏟아졌고, 브랜드 평가는 급락했다.

결국 델타는 수천만 달러를 들여 고객 만족 회복 캠페인을 진행해야 했다. 절감했던 비용보다 더 많은 비용을 마케팅과 서비스 보완에 사용했다. 효율은 숫자였지만, 신뢰는 감정이었다. 숫자는 빠르게 복구되지만, 감정은 쉽게 회복되지 않았다.

AI 도입은 남아 있는 인력에게 새로운 부담을 안긴다. 줄어든 인원이 더 많은 일을 떠안아야 하고, 자동화 시스템을 관리하는 새로운 업무까지 맡게 된다. 이 과정에서 직원들의 피로도는 높아지고, 조직 몰입도는 떨어진다. 또한 AI 전환은 비용 절감과 효율 향상이라는 수치를 가져다줄 수 있지만, 동시에 조직 내부에는 **눈에 보이지 않는 손실**이 자라고 있다. 예컨대 Upwork 리서치에 따르면, 경영진의 96%는 AI가 생산성을 높일 것으로 기대했지만, 실제 업무 부담이 늘어난 직원 중 **3분의 1 이상이 향후 6개월 내 회사를 떠날 생각을 하고 있다**는 결과가 나왔다. AI는 분명 효율의 기계를 가동하지만, 남은 사람들의 피로와 이탈 압박은 효율 뒤에서 가장 큰 그림자를 드리운다. 또 FT의 연구는 AI

도입이 정보 과부하를 유발하고 협업과 심리적 안전망을 훼손해 직원들의 **동기와 공동체 의식을 약화**한다고 지적한다. 이처럼 효율 뒤에는 숫자로 드러나지 않는 새로운 비용이 숨어 있다.

효율의 반대편

효율을 추구하는 것은 기업의 본능이다. 그러나 효율은 어디까지나 수단이지 목적이 아니다. 효율이 인간의 삶을 풍요롭게 만드는 수단이라면 긍정적이다. 그러나 효율 자체가 목적이 되면, 인간은 그 과정에서 소외되고 파괴된다. 효율의 맹신은 결국 보이지 않는 비용을 낳는다. 인간의 존엄, 사회적 신뢰, 제도적 균형 같은 요소들은 숫자로 환산되지 않지만, 그것이 무너질 때 기업은 치명적인 대가를 치른다. 사이버 보안, 알고리즘 오류, 브랜드 신뢰, 직원 피로, 규제 리스크. 이 모든 것은 숫자에 기록되지 않지만, 실제로는 기업의 존망을 가를 수 있는 요소들이다. "눈에 보이는 것이 전부가 아니다." 어느 철학자의 말처럼, 기업은 효율이라는 눈에 보이는 숫자 너머를 바라보아야 한다. 그렇지 않으면, 오늘 절감한 비용이 내일 더 큰 손실로 돌아올 것이다.

5장

기회와 변화, 그리고 인사이트

기회와 변화, 그리고 인사이트

미래는 언제나 예고 없이 시작된다. 사람들은 먼 훗날에 도래할 변화로 미래를 상상하지만, 실제로는 이미 곳곳에서 불균형하게 나타난 조짐들이 새로운 시대를 열고 있다. 기술, 일, 관계, 인간의 정체성은 서서히 바뀌는 듯 보이지만, 돌이켜 보면 어느 순간 급격히 달라져 있다. 우리는 지금, 미래가 현재로 스며든 풍경 속에서 살아가고 있다.

AI의 등장은 그 전환의 상징이다. 인공지능은 인간의 사고와 언어, 창작의 영역을 침범하며 더 이상 단순한 보조 도구가 아니다. 알고리즘은 선택을 대신하고, 자동화는 노동을 재편하며, 생성형 AI는 창작과 의사결정의 경계를 흐린다. 그러나 이러한 변화는 균등하게 퍼져 있지 않다. 누군가는 여전히 과거의 방식에 머물러 있고, 누군가는 이미 새로운 질서 위에서 앞서 나간다. 미래의 편차는 이 불균형에서 비롯된다.

그런데, 왜 어떤 사람은 무너지고, 어떤 사람은 새로운 길을 발견하는가? 이는 단순한 운의 문제가 아니다. 동일한 환경과 기술 변화 속에서도, 어떤 이는 미래를 위협으로만 읽고 움츠러들고, 또 다른 이는 불확실성 속에서 기회를 포착한다. 기술 그 자체보다 중요한 것은 **기술을 바라보는 태도와 전환을 해석하는 능력**이다. 다만, AI 시대의 생존은 단순히 새로운 기술을 배우는 것만으로 확보되지 않는다. 중요한 것은 **자신이 가진 경험과 맥락을 어떻게 다시 정의하고 재구성하느냐**이다. 한 사람의 전문성은 과거에 쌓인 지식이나 직무가 아니라, 그것을 새로운 환경에서 활용할 수 있는 방식에 달려 있다. 리더의 의미 부여, 창작자의 감각, 경험의 재정의, 농부의 경험, 생활인의 취향, 은퇴자의 언어 감각 ― 이것들은 AI가 쉽게 대체할 수 없는 영역이다. 미래는 기술이 아니라, 인간이 어떤 고유한 힘을 발견하느냐에 따라 달라진다.

또 하나, **정체성의 전환**에 대해서도 생각해 보아야 한다. 우리는 자신을 특정 직업, 역할로 규정해 왔다. 그러나 AI가 직업의 구조를 흔드는 순간, 그 정체성은 위기를 맞는다. 농부가 데이터 파머로, 전업주부가 커머스 큐레이터로, 은퇴자가 후편집 전문가로 변모하는 과정은 모두 같은 메시지를 담고 있다. 정체성은 고정된 것이 아니라, 환경과 도구의 변화 속에서 다시 쓰여야 한다는 것이다. 미래는 새로운 정체성을 만들어 내는 사람들의 편에 선다.

이 장에서 다루게 될 이야기들은 모두 **이미 와 버린 미래를 살아 낸 조직과 사람들**의 기록이다. 이들은 기술의 도입을 가장 먼저 맞닥뜨렸고, 그 앞에서 흔들리면서도 새로운 길을 만들어 냈다. 그들의 이야기는 단순히 특별한 사례가 아니다. 지금은 일부만 경험했을지라도, 머지않아 모든 사람이 맞닥뜨릴 장면들이다. 그들이 먼저 부딪히고, 넘어지고, 다시 일어선 과정 속에서 우리는 미래를 어떻게 맞아야 할지에 대한 단서를 찾을 수 있다.

"앞서간 이야기"를 단순한 흥미로운 일화로 소개하려는 것이 아니다. 오히려 그것은 **우리가 직면할 불가피한 현실의 예고편**이다. 미래는 먼 곳에 있지 않다. 이미 와 버린 미래 속에서, 우리는 어떤 태도로 살아남을 것인가, 기술은 인간을 대체하는 것이 아니라, 인간이 자신을 어떻게 다시 정의하느냐를 시험하고 있다. 이 시험을 통과하는 자가, 불균등하게 도래한 미래를 자기 편으로 만드는 자가 될 것이다.

넷플릭스의 데이터 리더십
– 창의성과 알고리즘의 균형

"데이터는 나침반이 될 수 있지만,
길을 걷는 것은 결국 인간이다"

— 리드 헤이스팅스(넷플릭스 공동창업자)

한때 우편으로 DVD를 대여해 주던 작은 기업 넷플릭스가 1997년 창업 당시만 해도 블록버스터 같은 오프라인 비디오 대여점이 시장을 지배하고 있었다. 그러나 넷플릭스는 일찍이 인터넷 기반 모델의 가능성을 내다봤다. 온라인 주문, 우편 배송이라는 단순한 아이디어로 시작했지만, 이 회사가 진정으로 두각을 나타낸 것은 데이터를 활용한 고객 이해 능력이었다.

초기 넷플릭스는 이용자들의 시청 패턴을 면밀히 분석해, 어떤 장르를 선호하는지, 언제 영화를 감상하는지, 중간에 포기한 작품은 무엇인지를 기록했다. 이 데이터는 단순히 DVD 추천을 넘어서, 이용자 경험을 정교하게 설계하는 기초가 되었다. 당시까지만 해도 이런 방식의 데이터 활용은 파격적이었다. 대부분의 비디오 업체들은 "어떤 영화가 홍행했는가"만을 지표로 삼았지만, 넷플릭스는 '누가 어떤 맥락에서 영화를 선택하는가'라는 개별적 경험에 주목했다.

2007년, 넷플릭스는 본격적으로 스트리밍 서비스를 시작했다. DVD 대여에서 디지털로의 전환은 단순한 기술적 진보가 아니라, 데이터 활용 방식의 혁명이었다. 스트리밍은 실시간으로 시청 데이터가 축적되기 때문에, 넷플릭스는 이전보다 훨씬 방대한 이용자 정보를 확보할 수 있었다. 어떤 장면에서 시청자가 멈췄는지, 되감기를 했는지, 끝까지 보았는지가 모두 데이터화되었다. 이 정보는 추천 알고리즘을 정교하게 만들었고, 넷플릭스는 "개인 맞춤형 추천 서비스"라는 강력한 무기를 얻게 되었다.

이 시점에서 넷플릭스는 데이터 기업으로 변모했다. 그러나 중요한 것은, 단순히 데이터를 모았다는 사실이 아니다. 넷플릭스의 진정한 차별성은 데이터와 창의성을 균형 있게 결합한 리더십에 있었다. 대표적인 사례가 드라마 〈하우스 오브 카드〉[20] 제작이다. 2013년, 넷플릭스는 전통적인 방송사처럼 시청률 예측이나 광고 수익 모델에 의존하지 않았다. 대신 수백만 명의 이용자 데이터를 분석해, 정치 드라마를 좋아하는 층과 케빈 스페이시, 데이비드 핀처의 팬덤이 크게 겹친다는 사실을 발견했다. 이 데이터는 드라마 제작의 기초 논리가 되었고, 넷플릭스는 막대한 제작비를 투자해 자체 오리지널 콘텐츠를 시작했다. 〈하우스 오브 카드〉는 전 세계적으로 성공을 거두며 스트리밍 오리지널의

---

20 하우스 오브 카드(House of Cards). 1990년 영국 BBC에서 제작된 동명 드라마와 마이클 돕스의 소설을 원작으로 2013년부터 방영된 미국의 정치 스릴러 드라마.

새 장을 열었다.

하지만 여기서 흥미로운 점은, 데이터가 드라마의 모든 것을 설계하지 않았다는 사실이다. 넷플릭스는 데이터가 제시한 방향성을 바탕으로 창작자에게 자유를 보장했다. 핀처 감독은 전통적인 방송사가 요구하는 파일럿 에피소드 제작이나 광고 편성 고려 없이, 한 시즌 전체를 통으로 제작할 수 있었다. 이는 데이터가 제공한 확신과 리더십의 결단이 결합된 결과였다. 다시 말해, 데이터가 창작을 지배한 것이 아니라, 창작의 리스크를 줄여 주는 역할을 했던 것이다.

이후 넷플릭스는 오리지널 콘텐츠 전략을 지속적으로 확대했다. 〈오렌지 이즈 더 뉴 블랙〉, 〈기묘한 이야기〉, 〈더 크라운〉 같은 작품은 글로벌 히트를 기록하며 넷플릭스를 문화적 아이콘으로 만들었다. 그러나 모든 작품이 성공한 것은 아니었다. 데이터가 선택한 주제라고 해서 반드시 흥행이 보장되지는 않았다. 〈마르코 폴로〉 같은 초대형 프로젝트는 실패로 돌아갔다. 이 경험은 넷플릭스에게 중요한 교훈을 남겼다. 데이터는 가능성을 제시하지만, 최종 성패는 여전히 인간의 창의적 상상력과 리더십에 달려 있다는 점이다.

넷플릭스 내부에서도 "데이터 중심주의가 과연 창작을 위축시키지 않을까"라는 우려가 제기되었다. 실제로 일부 제작자들은 넷플릭스가 이용자 데이터를 근거로 지나치게 안전한 선택만 하게 된다고 비판했다. 그러나 경영진은 명확히 선을 그었다. 데이터는 의사결정을 돕는 도구일 뿐, 창작자의 상상력을 대체하지는 않는다. 넷플릭스의 콘텐츠 책임자 테드 서랜도스는 "알고리즘은 우리가 무슨 이야기를 해야 하는지 말해 주지 않는다. 다만 그 이야기를 어디서 찾을 수 있는지를 알려 줄 뿐"이라고 강조했다. 넷플릭스의 리더십은 결국 데이터와 창의성의 균형을 설계하는 데 있었다. 데이터가 이용자의 니즈를 보여주고, 창작자는 그 니즈를 넘어서는 새로운 상상력을 제시한다. 이 두 축이 함께 움직일 때, 넷플릭스는 진정한 차별성을 발휘할 수 있었다.

오늘날 스트리밍 전쟁은 치열하다. 디즈니 플러스, 아마존 프라임, 애플 TV+ 같은 경쟁자들이 대거 등장했고, 이용자 확보 경쟁은 점점 더 치열해졌다. 이 과정에서 넷플릭스 역시 위기를 맞기도 했다. 2022년, 넷플릭스는 10여 년 만에 처음으로 가입자 수가 감소했다. 많은 이들이 "넷플릭스의 성장 신화가 끝났다"고 말했지만, 회사는 다시 데이터와 창의성의 조합으로 돌파구를 모색했다. 광고 기반 요금제 도입, 게임 콘텐츠 확장, 글로벌 제작자 네트워크 구축 등은 모두 데이터 분석에서 출발했지만, 그 실행은 창의적 기획과 리더십에 의존했다.

앞으로 넷플릭스의 미래는 단순한 콘텐츠 기업을 넘어, AI와 인간 창작의 협업을 어떻게 설계하느냐에 달려 있다. 추천 알고리즘은 더욱 정교해지고, 생성형 AI가 대본과 영상을 만드는 시대도 머지않았다. 그러나 시청자가 진정으로 원하는 것은 단순히 '맞춤형' 이야기만은 아니다. 인간이 사회와 문화를 해석하는 깊이, 창작자의 상상력과 관점이 결합될 때 비로소 새로운 이야기가 탄생한다.

넷플릭스는 데이터 기업이면서 동시에 이야기 기업이다. 이 두 얼굴을 모두 지켜 내는 것이 향후 리더십의 과제다. 데이터가 나침반이라면, 길을 걷는 것은 결국 사람이다. AI 시대의 리더십은 숫자가 말해 주지 않는 영역을 포착하는 감각, 데이터로는 설명할 수 없는 인간 경험의 의미를 길어 올리는 힘에서 완성된다. 넷플릭스의 여정은 기업 경영뿐만 아니라, 개인에게도 중요한 메시지를 던진다. 누구나 데이터로 무장한 시대를 살고 있지만, 살아남는 사람은 단순히 정보를 많이 가진 자가 아니라, 정보와 창의성을 연결해 새로운 의미를 만들어 내는 사람이다. 이는 넷플릭스가 걸어온 길이자, 우리가 걸어야 할 미래의 길이다.

뤼튼(Wrtn)의 실험
- 창작자와 AI의 공존

"기계는 패턴을 만들어 내지만,
인간은 의미를 만들어 낸다"

— 마사 누스바움

2021년 한국에서 등장한 스타트업 **뤼튼(Wrtn)**은 AI 시대 창작의 미래를 보여 주는 실험장이 되었다. 뤼튼은 단순히 글을 대신 써 주는 도구가 아니라, 창작자가 더 빠르고 풍부하게 작업할 수 있도록 돕는 플랫폼을 표방했다. 하지만 초창기 시장의 반응은 호의적이지만은 않았다. 많은 작가와 기자, 블로거들은 "이제 기계가 글을 쓰는 시대가 오면 우리의 자리는 사라지는 것 아니냐"는 불안을 표출했다. 실제로 생성형 AI가 등장하면서 "작가 직업의 종말"을 우려하는 담론이 사회 곳곳에서 퍼졌다.

뤼튼이 선택한 길은 단순 대체가 아닌, **공존의 가능성을 증명하는 것**이었다. 창업자와 팀은 AI가 문장을 생성하는 기술에만 집중하지 않고, 그것이 실제 창작자의 작업 과정 속에 어떻게 스며들 수 있는지를 연구했다. 초기에는 '자동 글쓰기' 기능을 전면에 내세웠지만, 곧 전략을 바꿔 '창작 보조 도구'라는 정체성을 강화했다. 예를 들어, 뤼튼은 글의 초안이나 아이디어 발산, 자료 정리에 강점을 보였지만, 완성된 원고를 대신 쓰는 것은 목표가 아니라고 명확히 선을 그었다.

이런 방향은 실제 사용자들의 경험에서 입증되었다. 뤼튼을 처음 접한 작가들은 "기계가 내 일을 빼앗을까"라는 의구심으로 시작했지만, 곧 글쓰기의 초안을 마련하거나 표현을 다양화하는 데 도움이 된다는 점을 발견했다. 특히 블로그 운영자, 콘텐츠 마케터, 스타트업 홍보 담당자들은 반복적으로 유사한 글을 써야 하는 피로를 덜 수 있었다. AI가 뼈대를 제공하면, 인간은 이를 다듬고 의미를 부여하는 방식으로 협업이 가능했다.

또한 뤼튼은 초기부터 **커뮤니티 전략**을 강화했다. 단순히 도구를 제공하는 데 그치지 않고, 사용자들이 AI와 함께 만든 결과물을 공유하고 피드백할 수 있는 장을 마련했다. 이 과정에서 많은 창작자가 "AI가 글을 대신 쓰는 것이 아니라, 나의 창작 파트너가 될 수 있다"는 인식을 갖게 되었다. 창작 과정이 AI와 인간의 협력으로 확장될 수 있다는 점이 확인된 것이다.

뤼튼의 사례가 주목받는 이유는, 한국이라는 특수한 맥락에서 새로운 실험이 이루어졌기 때문이다. 영어권에서는 이미 오픈AI의 GPT 모델이나 다른 생성형 AI 툴이 대중화되고 있었지만, 한국어는 데이터 부족과 언어 구조의 복잡성 때문에 구현이 쉽지 않았다. 뤼튼은 한국어 창작 시장을 정조준하며, 언어적 특수성을 반영한 모델을 개발했다. 이

점에서 뤼튼은 단순히 글로벌 AI 기술을 가져다 쓰는 것이 아니라, **한국어 환경에 맞는 창작 툴을 만들었다는 의미**가 있었다.

물론 비판도 뒤따랐다. 일부 언론인과 작가는 "AI가 글을 쓰면 콘텐츠의 질이 떨어지고, 표절 문제나 신뢰성 문제가 발생할 수 있다"고 지적했다. 실제로 생성형 AI가 만들어 내는 글은 매끄럽지만, 사실 오류나 근거 부족이 섞여 있는 경우가 많았다. 뤼튼 역시 이런 한계를 인정하고, 사실 검증과 자료 보강은 인간의 몫이라고 강조했다. **AI가 초안을 제공하고 인간이 최종 책임을 지는 구조**가 공존의 핵심 원칙으로 자리 잡았다. 뤼튼의 성장은 단순히 기술적 혁신 때문만이 아니었다. **창작자들의 불안에 정면으로 답한 전략**이 주효했다. "AI가 당신을 대체하지 않는다. 오히려 당신을 확장시킨다." 이 메시지는 글쓰기 노동에 지친 많은 사람들에게 설득력 있게 다가갔다. 뤼튼은 스스로를 '창작 증폭기'라고 정의하며, 인간의 창작 의도를 존중하는 기술을 제공하는 데 집중했다.

이 실험은 실제 시장에서도 성과를 거두었다. 뤼튼은 빠르게 사용자 기반을 확장했고, 스타트업과 기업 고객을 확보했다. 특히 콘텐츠 생산을 반복적으로 해야 하는 마케팅 팀, 광고 회사, 소규모 창업자들이 뤼튼을 적극적으로 활용했다. 과거라면 수일이 걸리던 캠페인 문구 작성이나 블로그 포스팅 기획이 몇 시간 만에 가능해졌다. 이 과정에서 뤼튼은 "AI가 창작을 죽이는 것이 아니라, 창작의 속도를 높이고 영역을 넓힌다"는 것을 실질적으로 증명했다.

뤼튼의 이야기는 미래 창작 환경에 대한 중요한 전망을 보여 준다. **첫째, AI와 인간의 역할 분담**은 점점 더 뚜렷해질 것이다. AI는 패턴 인식과 초안 생성에서 강점을 보이고, 인간은 의미 부여와 맥락 해석, 창의적 상상에서 강점을 유지한다. 둘째, **창작의 정의 자체가 변할 가능성**이 있다. 과거에는 창작이 '처음부터 끝까지 인간이 직접 쓰는 것'으로 여겨졌다면, 앞으로는 'AI와 인간의 협업을 통해 새로운 결과를 만드는 것'으로 확장될 수 있다. 셋째, 책임의 문제도 중요해진다. AI가 쓴 글의 오류나 편향은 결국 인간이 책임져야 한다. 따라서 창작자는 단순 생산자가 아니라, 큐레이터이자 편집자로서 역할이 강화될 것이다.

뤼튼은 아직 초기 단계에 불과하다. 하지만 이 작은 실험은 전 세계적으로 일어나는 변화와 맞닿아 있다. AI가 음악을 작곡하고, 그림을 그리며, 영화 대본을 작성하는 시대에, 인간 창작자는 더 이상 '단독 예술가'로 존재하지 않는다. 대신 AI와의 파트너십 속에서 새로운 창작 방식을 발명해야 한다. 뤼튼이 보여 주는 것은 그 가능성의 첫 장면이다.

결국 창작의 미래는 대체냐 공존이냐의 문제가 아니다. 공존을 넘어, **새로운 창작 생태계를 어떻게 설계하느냐**의 문제다. AI가 만들어 내는 수많은 텍스트는 하나의 재료일 뿐이다. 그 재료에 의미를 부여하고, 인간적 맥락을 불어넣는 과정에서 진짜 창작이 발생한다. 뤼튼은 이를 한국의 현장에서 실험했고, 그 결과는 "AI와 인간의 협력은 충분히 가능하다"는 희망을 보여 주었다.

간호사에서 디지털 헬스 코치로
- 경험의 재정의

"치료는 약물이 아니라
관계에서 시작된다."

— 칼 로저스

병원이라는 공간은 삶과 죽음, 회복과 절망이 교차하는 현장이다. 그 속에서 간호사는 언제나 환자 곁을 지켜 온 존재였다. 그러나 빠른 속도의 의료 환경 변화와 인력 부족은 간호사들에게 버거운 현실이 되었다. 한국의 한 40대 간호사 이정민씨(가명) 역시 예외가 아니었다. 대학병원 병동에서 20년 넘게 근무하며 수많은 환자를 돌봤지만, 반복되는 교대 근무와 과중한 업무, 의료진과 환자 사이의 갈등 속에서 지쳐갔다. 결국 그는 건강 악화와 번아웃으로 더 이상 병동 근무를 이어 가기 어려운 상황에 직면했다.

퇴직 후의 공백은 두려움으로 다가왔다. 평생을 의료 현장에서 보낸 그는 "내가 할 수 있는 일이 과연 무엇일까"라는 질문에 답을 찾지 못했다. 그러나 곧 의료계 전반에서 일어나고 있는 새로운 흐름에 주목하게 되었다. 웨어러블 기기와 모바일 헬스케어 앱이 폭발적으로 확산되면서, 환자 관리의 무게 중심이 병원에서 일상으로 이동하고 있었던 것이다. 혈당계, 스마트워치, 수면 트래커가 기록하는 데이터는 방대했지만, 그것을 해석하고 환자의 생활 습관과 연결해 주는 역할은 여전히 비어 있었다. 이 지점에서 이 씨는 자신의 경험이 쓰일 수 있다는 사실을 깨달았다.

그는 디지털 헬스케어 플랫폼에서 제공하는 교육 과정을 수강했다. 프로그램은 전문의학 지식보다는 데이터 해석과 상담 기술에 초점을 맞췄다. "심박수와 혈당 수치가 의미하는 바는 무엇인가?", "이 데이터를 토대로 환자에게 어떻게 생활습관 변화를 권할 수 있는가?" 같은 주제들이었다. 병동에서 쌓은 경험은 큰 강점이었다. 수치만 보는 것이 아니라, **그 수치가 환자의 삶 속에서 어떻게 나타나는지**를 직관적으로 이해할 수 있었기 때문이다.

교육 과정을 마친 후 그는 정식으로 **디지털 헬스 코치**로 활동을 시작했다. 플랫폼에 가입한 환자들은 스마트워치와 앱으로 자신의 건강 데이터를 기록했고, 그는 온라인 상담을 통해 그 데이터를 함께 검토했다. 어떤 환자는 당뇨 관리가 목표였고, 어떤 이는 수면의 질 개선이 필요했다. 이 씨는 데이터를 기반으로 권고를 하되, 그 이상의 역할을 했다. 환자가 왜 꾸준히 운동을 하지 못하는지, 어떤 상황에서 식습관이 무너지는지를 들어 주고, 감정적 장벽을 함께 다뤘다. 한 환자는 늘 "운동해야 하는 건 알지만 시간이 없다"는 이유로 실패를 반복했다. 이 씨는 단순히 운동의 필요성을 강조하는 대신, 그의 생활 패턴을 함께 분석했다. 퇴근 후 30분만 걷는 습관으로 시작해, 주말에는 가족과 함께 활동하는 계획을 세웠다. 중요한 것은 수치가 아니라 **실행할 수 있는 작은 전환**이었다. 환자는 차츰 변화를 경험했고, 데이터 수치에도 긍정적 변화가 나타났다. 이 과정에서 그는 "병동에서 느꼈던 무력감이 사라지고, 오히려 환자와 더 깊게 연결되고 있다"는 새로운 만족감을 얻었다.

디지털 헬스 코치라는 직업은 아직 초기 단계이지만, 확실한 흐름을 보여 준다. 현대의료는 점점 병원 중심에서 환자 스스로 관리하는 자기 건강 관리(self-care)로 이동하고 있다. 그러나 모든 환자가 데이터를 제대로 해석하고 활용할 수 있는 것은 아니다. 바로 이 간극을 메우는 존재가 헬스 코치다. AI와 알고리즘은 수치를 제시하지만, 그 수치를 인간의 삶과 연결해 설명하는 것은 여전히 인간의 역할이다.

이 씨의 사례는 두 가지 중요한 전환을 시사한다. 첫째, **직업 정체성의 재구성**이다. 그는 더 이상 병동에서 환자를 직접 돌보는 간호사가 아니지만, 여전히 "건강을 돌보는 사람"이라는 본질은 유지된다. 직무는 변했지만, 정체성은 확장된 것이다. 둘째, **관계의 재정의**다. 과거 간호사-환자 관계가 병원이라는 제한된 공간에서 이루어졌다면, 이제는 일상과 온라인으로 확장된다. 이는 환자에게 더 큰 지속성을, 코치에게 더 큰 자율성을 제공한다.

물론 한계도 있다. 디지털 헬스케어는 의료적 책임의 경계가 불분명하다. 헬스 코치가 제공하는 조언이 의료 행위가 아니라고 해도, 환자가 그것을 과도하게 신뢰할 수 있기 때문이다. 따라서 제도적 장치와 윤리적 기준이 마련되어야 한다. 또한 AI가 점점 더 정교해지면, 코치의 역할이 다시 축소될 수 있다는 우려도 있다. 그러나 현재까지의 경험은 분명하다. **인간의 공감과 상담 능력은 AI가 대체하기 가장 어려운 영역**이며, 이 영역을 강화할수록 직업적 가치는 높아진다. 이 씨는 지금도 매일 수십 명의 환자와 온라인으로 대화한다. 병동에서 뛰어다니던 시절과는 전혀 다른 삶이다. 그는 종종 이렇게 말한다. "이전에는 환자의 몸을 돌봤다면, 지금은 환자의 삶을 돌본다." 병원이라는 공간에 묶여 있던 의료 경험이, 기술을 통해 더 많은 사람들에게 확장된 것이다.

결국 그의 이야기는 AI 시대 개인의 생존 법칙을 압축한다. 새로운 기술은 기존 직업을 위협하지만, 동시에 그것을 재정의할 기회를 제공한다. 간호사에서 헬스 코치로의 전환은, 직업이 단절된 것이 아니라 다른 형태로 이어진 것이다. 중요한 것은 변화에 적응하는 능력이 아니라, **변화를 자신의 언어로 다시 해석하는 힘**이다.

농부에서 데이터 파머로
– 현장의 지식이 기술로

"기계가 수확하는 것은 곡식이지만,
인간이 수확하는 것은 경험이다."

― 알베르 카뮈

한 세대 전만 해도 농업은 경험과 직관에 크게 의존하는 산업이었다. 하늘을 보고 비를 점치고, 흙을 만져 습도를 가늠하며, 매해 쌓이는 시행착오 속에서 다음 농사의 노하우가 만들어졌다. 그러나 기후 변화와 글로벌 농산물 시장의 불안정성이 커지면서, 경험만으로는 버티기 어려운 시대가 왔다. 한국의 한 중년 농부, 김 모 씨의 이야기는 이러한 변화 속에서 **어떻게 개인의 경험이 데이터 산업으로 옮겨 갈 수** 있는가를 보여 주는 상징적인 사례다.

김형주 씨(가명)는 경북의 작은 마을에서 대를 이어 벼농사를 지어 왔다. 20년 가까이 농사에만 전념했지만, 해마다 기후가 불안정해지면서 수확량이 줄었다. 여름 폭우와 가을 태풍은 예측 불가능하게 농작물을 무너뜨렸고, 농약과 비료 값은 계속 올라갔다. 무엇보다 청년 세대는 농촌을 떠났고, 일손을 구하는 비용이 크게 증가했다. 농사로 생계를 유지하는 것이 점점 불가능해지는 현실에 그는 "농업은 끝났다"는 위기감을 느꼈다.

그 무렵, 지역 농업기술센터에서 AI 기반 농업 스타트업의 설명회가 열렸다. 드론으로 농작물 상태를 모니터링하고, 센서로 토양 데이터를 수집하며, AI가 병충해 발생 가능성을 예측한다는 내용이었다. 대부분의 농민들은 회의적이었다. "기계가 흙을 알아?"라는 반응이 나올 정도였다. 하지만 김 씨는 다르게 반응했다. 그는 누구보다 농사의 불확실성을 절감하고 있었고, 그 불확실성을 관리할 방법을 찾고 싶었다.

김 씨는 스타트업과 협력해 자신의 논을 실험 대상지로 내주었다. 드론이 촬영한 이미지가 서버로 전송되고, AI는 잎의 색깔 변화를 분석해 질소 결핍이나 병충해 가능성을 경고했다. 처음에는 데이터가 다소 부정확해 "현장 감각보다 못하다"는 비판을 받았다. 그러나 김 씨는 포기하지 않았다. 오히려 자신이 직접 데이터 라벨링 작업에 참여했다. "이 시점의 잎 색은 실제로는 병충해가 아니라 비료 부족"이라는 현장 지식을 AI에게 피드백한 것이다.

몇 년이 지나자 상황은 달라졌다. 김 씨가 제공한 수천 건의 피드백은 AI 모델을 정교하게 만들었고, 그가 관리한 논은 인근보다 병충해 피해가 확연히 줄었다. 수확량은 오히려 증가했고, 비용 절감 효과도 나타났다. 이 과정에서 김 씨는 단순 농부가 아니라, 데이터 파머(Data Farmer)라는 새로운 정체성을 갖게 되었다. 흙을 일구는 손이 이제는 데이터를 다루는 손이 된 것이다. 이 변화는 소득 구조에도 영향을 미쳤다. 김 씨는 단순히 쌀을 판매하는 것이 아니라, 스타트업과 협력해 **데이터 해석과 현장 컨설팅**을 제공하는 역할을 맡게 되었다. 지역 농민들에게 AI 데이터 리포트를 설명하고, 실제 농사 경험과 대조해 주는 일은 그의 새로운 수입원이 되었다. 농부에서 컨설턴트로, 농업 현장의 지식이 데이터 산업의 자산으로 변환된 것이다.

김 씨의 사례는 농업의 미래를 잘 보여 준다. 농업은 인류가 가장 오래된 산업이지만, 동시에 디지털 전환의 최전선이 되었다. 기후 위기와 식량 불안정성 속에서 데이터 기반 농업(스마트 파밍)은 선택이 아니라 필수가 되었다. AI는 기후와 토양, 병충해를 예측해 위험을 줄이고, 물과 비료 사용을 최적화해 지속가능성을 높인다. 그러나 이 모든 과정은 여전히 **인간의 경험과 해석**을 필요로 한다. 기계가 읽은 숫자와 그래프는, 현장의 맥락을 아는 사람이 해석해야 비로소 의미가 된다. 농업에서 일어난 이 변화는 직업의 본질에 대한 질문으로 이어진다. 김 씨는 여전히 농부인가, 아니면 데이터 노동자인가? 사실 그는 두 가지를 동시에 수행한다. 농사의 본질이 곡식 재배에서 데이터 생산으로 확장된 것이다. 이는 AI 시대에 개인이 생존하는 법을 상징적으로 보여 준다. 자신의 경험과 직관을 버리는 것이 아니라, 그것을 새로운 영역으로 번역해 내는 능력이 필요하다는 점이다.

앞으로 더 많은 농민이 데이터 파머로 전환할 가능성이 크다. 이미 한국과 일본, 유럽에서는 농업 데이터 플랫폼이 확산되고 있고, 농민은 더 이상 단순 생산자가 아니라 **데이터 제공자이자 관리자로서의 역할**을 맡게 된다. 그러나 여기에는 과제도 있다. 기술 격차가 큰 고령 농민들이 소외되지 않도록 교육과 지원이 병행되어야 하고, 데이터 소유권 문제도 해결해야 한다. 누가 그 데이터를 소유하고, 그 수익을 누가 가져가는가 하는 문제는 앞으로 농업계의 중요한 논쟁이 될 것이다. 김 씨의 여정은 결국 인간의 경험이 어떻게 기술로 환생할 수 있는지를 잘 보여 준다. 그는 농업의 위기를 받아들이고, 그 속에서 새로운 기회를 찾았다. 경험은 사라지지 않았다. 오히려 데이터라는 새로운 언어로 옮겨져 더 큰 가치를 얻게 되었다.

기계가 수확하는 것은 곡식일지 모르지만, 인간이 수확하는 것은 경험이고, 그 경험이야말로 기술이 의존하는 원천이라는 사실이 다시 확인되었다.

전업 주부의 재도약
- AI 커머스 큐레이터의 탄생

"환경을 바꿀 수 없다면,
환경 속에서 새로운 길을 만들어야 한다."

— 빅터 프랭클

결혼과 육아로 10년 넘게 경력이 단절된 사람들에게 노동 시장은 언제나 냉정하다. 빠르게 변화하는 기술과 산업 속에서, 경력 단절 기간은 '공백'으로 기록된다. 그 공백은 재취업 시장에서 불이익으로 작용하고, 많은 이들이 사회 복귀 자체를 포기하게 된다. 하지만 어떤 사람은 이 불리한 조건 속에서 새로운 가능성을 발견한다. AI 시대에, 경력 단절의 공백이 오히려 새로운 기회의 출발점이 될 수 있다는 것을 보여 준 사례가 있다.

서울에 사는 박주영 씨(가명)는 아이가 초등학교에 들어가면서 다시 일을 시작하고 싶었다. 과거 그는 패션 편집숍에서 일한 경험이 있었지만, 업계는 이미 전자상거래 중심으로 급격히 이동해 있었다. 쇼핑몰 운영자들은 SNS 마케팅과 데이터 분석 능력을 요구했고, 디지털 도구에 익숙하지 않은 그에게는 재진입이 막막해 보였다. 구직 사이트에 이력서를 올려도 연락은 오지 않았다. "10년의 공백"이란 단어가 이력서에 무겁게 드리워져 있었다.

그러던 중 그는 우연히 'AI 기반 온라인 스토어 운영'에 관한 워크숍을 접하게 되었다. 워크숍에서는 챗GPT 같은 생성형 AI를 이용해 상품 설명을 자동 작성하고, 트렌드 분석 도구로 인기 키워드를 추출하며, 이미지 생성 AI로 마케팅 시각 자료를 제작하는 방법을 소개했다. 박 씨는 처음엔 반신반의했지만, 곧 "내가 직접 모든 걸 하지 않아도 된다"는 사실을 깨달았다. 오히려 AI가 기초적인 작업을 처리해 주니, 본인은 고객과의 소통, 상품 큐레이션, 브랜드 감각 같은 **인간적인 영역**에 집중할 수 있었다.

박 씨는 작은 온라인 상점을 열었다. 상품은 자신이 잘 아는 생활용품과 패션 소품 위주였다. 그러나 핵심은 물건 그 자체가 아니라, **AI를 통한 맞춤형 큐레이션**이었다. 그는 생성형 AI를 이용해 "2030 여성 직장인이 선호할 만한 데일리 아이템" 같은 테마 기획을 만들고, 이를 바탕으로 스토어를 운영했다. 상품 설명과 리뷰 요약은 AI가 대신했고, 마케팅 이미지 역시 AI가 제작했다. 박 씨는 고객 커뮤니티 관리와 큐레이션 방향을 잡는 데 집중했다.

처음에는 가족과 지인들 중심의 소규모 판매에 그쳤지만, 운영 6개월 만에 상황이 달라졌다. SNS를 통해 "일상에 꼭 맞는 물건을 소개한다"는 입소문이 퍼졌고, 온라인 커뮤니티에서 입점 제안이 들어왔다. 그는 본인이 직접 모든 콘텐츠를 생산하지 않았음에도, AI와 협업해 차별화된 가치를 제공할 수 있었다. 중요한 것은 AI가 상품을 대신 판매한 것이 아니라, 박 씨가 **고객의 생활 맥락을 읽고 그것을 AI에게 과제로 던졌다는 점**이다.

이 경험은 단순한 '재취업'이 아니라, **재창업의 성공**이었다. 경력 단절이라는 낙인은 여전히 존재했지만, AI는 그 낙인을 무력화시켰다. 10년의 공백 동안 놓쳤던 기술은 AI가 보완해 주었고, 오히려 그 시간 동안 쌓은 생활 경험과 소비자 감각이 경쟁력이 되었다. 아이를 키우며 얻은 생활 감각, 시장 흐름을 읽는 눈, 소비자의 필요를 체감한 경험은 AI가 대체할 수 없는 영역이었다. 박 씨는 이제 자신 스스로를 단순한 상점 운영자가 아니라 "커머스 큐레이터"라고 소개한다. 그는 AI를 통해 빠르게 상품 정보를 가공하고, 트렌드를 분석하며, 고객에게 맞는 물건을 제안한다. 고객들은 단순히 물건을 사는 것이 아니라, 박 씨가 제안한 라이프스타일을 구매한다고 느꼈다. 이 과정에서 신뢰가 형성되었고, 작은 상점은 안정적인 수익을 내기 시작했다.

이 사례는 AI가 개인에게 어떤 기회를 줄 수 있는지를 잘 보여 준다. 첫째, AI는 **기술 격차를 줄여 준다.** 디지털 마케팅이나 데이터 분석을 전혀 배우지 않았던 박 씨도 AI 도구 덕분에 시장에 참여할 수 있었다. 둘째, AI는 **시간의 공백을 무력화한다.** 과거의 경력 단절은 치명적인 약점이었지만, 새로운 도구는 그 공백을 보완해 주었다. 셋째, AI는 **개인의 고유 경험을 자산으로 변환시킨다.** 육아와 생활에서 얻은 감각은

AI와 결합할 때 새로운 경쟁력으로 전환되었다. 물론 과제도 있다. AI에 의존해 콘텐츠를 만들다 보면, 차별성이 줄어들 수 있다. 동일한 알고리즘을 사용한다면 누구나 비슷한 결과물을 얻게 되기 때문이다. 따라서 박 씨가 진짜 경쟁력을 유지하기 위해서는, AI가 제안하지 못하는 "맥락과 취향"을 지속적으로 제공해야 한다. 즉, AI가 생산한 다수의 패턴 속에서 자신만의 목소리를 드러내는 것이 중요하다.

박 씨의 이야기는 수많은 전업주부, 경력 단절자들에게 중요한 메시지를 준다. AI 시대에 생존의 핵심은 완벽한 기술 습득이 아니라, **자신의 삶에서 나온 감각과 경험을 새로운 방식으로 연결하는 능력**이다. AI는 그 과정을 지원하는 도구일 뿐이다. 환경을 바꿀 수 없다면, 그 속에서 새로운 길을 만들어야 한다는 프랭클의 말처럼, 그는 제약을 기회로 전환했다.

앞으로 더 많은 사람들이 '커머스 큐레이터'라는 새로운 직업 형태로 진입할 수 있을 것이다. 특히 1인 창업, 마이크로 브랜드, 틈새시장 사업은 AI와 인간의 협업이 가장 효과적으로 작동하는 영역이다. 과거에는 대기업 마케팅 부서나 광고 회사가 독점했던 영역이, 이제는 개인에게도 열려 있다. AI가 평준화한 도구 위에서, 결국 승부를 가르는 것은 인간의 시선과 감각이다.

박 씨의 재도약은 단순히 한 개인의 성공담이 아니다. 이는 AI 시대가 개인에게 어떤 새로운 가능성을 열어 주는지, 그리고 어떻게 경력 단절이나 약점을 자산으로 전환할 수 있는지를 보여 주는 사례다. AI는 기계적으로 콘텐츠를 만들어 내지만, 그것을 고객의 삶과 연결하는 순간 진짜 가치는 인간에게서 비롯된다.

은퇴 후의 두번째 직업
- 시니어 번역가의 변신

"언어는 단순한 기호가 아니라,
인간이 세계를 살아내는 방식이다."

— 루트비히 비트겐슈타인

김종민씨(가명)는 대기업에서 30여 년을 근무하다 56세에 은퇴했다. 은퇴 후 그의 삶은 공허했다. 오랫동안 직장에서만 정체성을 찾아왔기에, 명함을 내려놓는 순간 그는 사회와 단절된 느낌을 받았다. 그러나 그는 대학 시절 외국어에 자신이 있었고, 영어 서적을 읽는 것을 여전히 즐겼다. "늦었지만 번역 일을 해 볼까?"라는 생각이 은퇴 후 삶의 두번째 길을 열었다.

처음에는 출판사 프리랜서 번역 지원을 통해 소규모 원고 교정을 맡았다. 하지만 곧 문제에 부딪혔다. 시장은 이미 포화 상태였고, 젊은 번역가들과 경쟁하기에는 속도에서 밀렸다. 게다가 AI 번역기의 등장은 그를 더욱 위축시켰다. 구글 번역, 파파고, 딥엘(DeepL) 같은 서비스들은 점점 더 정교해졌고, 간단한 글은 이미 기계가 매끄럽게 처리하고 있었다. 주변에서는 "AI 번역이 다 자리를 차지할 텐데, 지금 번역 일을 시작해도 되겠냐"는 반응이 많았다.

하지만 김 씨는 쉽게 포기하지 않았다. 그는 직접 AI 번역기를 활용해 보며 그 한계를 발견했다. 기계 번역은 빠르지만, 문화적 맥락과 뉘앙스를 자주 놓쳤다. 예를 들어 소설 속 대사가 문자 그대로 번역되면 감정의 온도가 사라졌고, 비유나 은유가 어색하게 직역되기도 했다. 영어의 "I'll be there for you"를 단순히 "나는 너를 위해 거기 있을 거야"라고 옮기는 것과 "네 곁을 지켜 줄게"라고 번역하는 것의 차이는 기계가 쉽게 구분하지 못했다.

김 씨는 방향을 바꿨다. 그는 자신을 단순 번역가가 아니라 'AI 후편집(Post-Editing) 전문가'로 정의했다. 기계가 만든 초안을 바탕으로, 맥락과 문화적 깊이를 불어넣는 것이 그의 역할이었다. AI는 대량 번역의 속도를 해결했지만, 그 결과물은 여전히 인간의 손길을 필요로 했다. 김 씨는 오히려 AI 덕분에 빠르게 번역 작업을 시작할 수 있었고, 본인은 품질을 끌어올리는 데 집중했다. 그의 전문성은 점차 인정받기 시작했다. 특히 글로벌 기업의 사내 보고서, 해외 마케팅 자료, 사용자 매뉴얼 같은 문서에서 그의 역할이 컸다. 기계 번역은 기술적 내용은 빠르게 처리했지만, 미묘한 어투나 고객 친화적 문구를 다듬는 데 한계가 있었다. 김 씨는 오랜 직장 생활에서 익힌 비즈니스 언어 감각을 활용해, 기계 번역을 매끄럽게 다듬었다. 기업은 속도와 품질을 모두 확보할 수 있었고, 김 씨는 새로운 직업적 안정성을 얻었다.

그는 점차 영역을 넓혀갔다. 출판 번역에서는 기계 번역이 제공한 초안을 뼈대로 삼아, 소설의 문학적 감각을 살리는 방식으로 접근했다. 특히 시나 소설처럼 감정적 울림이 중요한 텍스트는 기계가 가장 취약한 영역이었다. 김 씨는 은퇴 전 회사에서 사람을 설득하는 보고서를 수없이 작성했던 경험을 떠올렸다. 결국 번역도 독자를 설득하는 일이라는 점에서, 그는 자신의 커리어 전환을 자연스럽게 이어 갈 수 있었다.

김 씨의 변신은 단순히 한 개인의 재취업 성공담을 넘어, **노동시장의 구조 변화**를 보여 준다. AI가 인간을 밀어낸 것이 아니라, 새로운 역할을 창출했다는 점이다. 번역가라는 직업은 단순 전달자에서, **의미 해석자이자 맥락 큐레이터**로 확장되고 있다. 이 흐름은 앞으로 더 뚜렷해질 것이다. 첫째, AI 번역은 점점 더 정교해지겠지만, 문화적 맥락과 뉘앙스를 완전히 대체하지는 못할 것이다. 언어는 단순 정보 전달이 아니라 정체성과 감정이 얽힌 행위이기 때문이다. 둘째, 번역가는 텍스트를 단순히 옮기는 사람이 아니라, **언어 간의 차이를 해석하고 조율하는 전문가**로 자리매김할 것이다. 셋째, 은퇴자나 시니어 세대에게도 새로운 기회가 열릴 수 있다. AI는 속도의 문제를 해결해 주지만, 인간의 경험과 언어 감각은 여전히 필요하기 때문이다.

김 씨는 지금도 꾸준히 번역 일을 한다. 그는 더 이상 '은퇴자'라는 단어로 자신을 소개하지 않는다. 오히려 "나는 언어를 다루는 사람"이라고 말한다. 명함은 사라졌지만, AI와 함께한 새로운 직업이 그의 삶에 다시 정체성을 부여했다. 나이와 상관없이, 인간 경험은 기술과 결합해 새로운 기회를 만들 수 있다는 것을 그는 증명했다.

AI가 언어를 처리하는 시대에도, 인간은 여전히 언어로 의미를 창조한다. 기계가 번역하는 것은 문장이지만, 인간이 번역하는 것은 세계다. 김 씨의 변신은 은퇴 후에도 두 번째 삶을 찾을 수 있음을 보여 주는 동시에, AI 시대의 직업 재편이 단순 대체가 아니라 **새로운 역할의 발견**임을 말해 준다.

6장

AI 시대, 달라진 생존의 조건

AI 시대, 달라진 생존의 조건

안정은 오랫동안 사람들의 꿈이자 사회의 약속이었다. 성실하게 일하면 내일이 보장되고, 경력을 쌓으면 보상이 따라오는 구조. 그러나 지금 우리는 그 약속이 무너진 자리에서 서 있다. 예측 가능성은 사라지고, 불확실성이 삶의 기본 전제가 되었다. 더 이상 길은 하나로 이어지지 않는다. 이 길이 무너졌다고 해서 끝이 아니다. 이제는 무너진 자리에서 새로운 방식의 길을 만들어야 한다.

AI가 등장하면서 불확실성은 더 거세졌다. 기술은 더 이상 보조 도구가 아니다. 판단하고 실행하며, 인간이 해 왔던 일들을 빠르게 대체한다. 사람들은 불안을 말하지만, 사실 더 큰 문제는 **낡은 틀에 머무르려는 습관**이다. 과거의 질서로는 지금의 혼란을 설명할 수 없고, 앞으로의 기회를 붙잡을 수도 없다. 지금 필요한 것은 안정의 복원이 아니라,

불확실성을 자산으로 전환하는 새로운 질서다. 기업의 명함이나 직함이 정체성을 보증하지 못하는 지금, 개인은 더 이상 한 줄의 설명으로 규정되지 않는다. 사람들은 여러 얼굴을 가지고, 여러 무대에서 다른 방식으로 자신을 드러낸다. 하나의 길이 끊어져도 다른 길로 옮겨 갈 수 있고, 서로 다른 정체성이 얽히며 새로운 가능성이 생겨난다. 이 다변화는 선택이 아니라 생존의 조건이다.

이 과정에서 중요한 것은 기술보다 태도다. 빠르게 변화하는 시대에 살아남는 사람들은 미래를 정확히 예측한 사람들이 아니라, **변화를 끊임없이 흡수하는 태도를 가진 사람들**이었다. 르네상스의 인물들이 그러했다. 그들은 한 영역에 머무르지 않고, 서로 다른 분야를 가로지르며 새로운 조합을 만들었다. 다빈치가 위대한 것은 그림을 잘 그려서가 아니라, 해부학·공학·예술을 오가며 하나의 시대를 다시 정의했기 때문이다. 우리는 그들을 다방면에 뛰어난 지식과 전문성을 쌓은 사람들, 폴리매스(Polymath)라고 부른다. 변화는 전문성 하나로 대응할 수 없으며, 시야를 넓히고 맥락을 읽어 내는 사람만이 새로운 가능성을 붙잡는다.

우리는 지금 거대한 실험의 초입에 서 있다. 팬데믹이 강제한 재택근무, AI가 가속화한 자동화, 디지털 공간이 만든 새로운 관계망. 이 모든 변화는 예측 불가능했고, 동시에 되돌릴 수도 없는 흐름이었다. 누군가는 이 불안정 속에서 두려움만을 경험했고, 누군가는 같은 상황을 새로운 출발로 삼았다. 불확실성은 위기이자 기회다. 문제는 그것을 어떻게 받아들이느냐다.

여기서 요구되는 것은 단순히 살아남는 법이 아니라, **새로운 방식으로 살아가는 법**이다. 지금의 생존은 과거처럼 '버티는 것'이 아니다. 오히려 끊임없이 해체되고 다시 조립되는 과정에서 자신을 새롭게 정의하는 일이다. 기술은 우리를 시험대에 올려놓았고, 기업은 효율의 이름으로 사람을 밀어내고 있다. 그러나 그 속에서도 의미를 만들고, 고유한 목소리를 내고, 서로 연결될 수 있다면 우리는 여전히 길을 찾을 수 있다.

AI 시대의 생존 조건은 '무엇을 알고 있는가'가 아니라 '어떻게 변할 수 있는가'에 있다. 예측 불가능성을 피하지 않고 받아들이는 것, 고정된 틀을 깨고 새로운 정체성을 만들어 내는 것, 불확실한 데이터를 의미 있는 이야기로 전환하는 것, 그리고 그 모든 과정을 스스로의 이름으로 드러내는 것. 이것이야말로 해체된 시대가 요구하는 방향이다.

커리어의 해체는 인간을 무력하게 만드는 사건이 아니다. 오히려 인간이 새로운 가능성을 발견하도록 몰아붙이는 압력이다. 불안정은 피해야 할 재난이 아니라, 다가오는 세계로 건너가기 위한 조건이다. 지금 필요한 것은 그 조건을 회피하지 않고 정면으로 받아들이는 용기다. 길이 무너졌다면, 새로운 길을 만들면 된다. 그것이 AI 시대를 살아가는 우리의 생존 방식이다.

다빈치의 교훈
- 다중 정체성

르네상스의 대표적인 인물 가운데 가장 빛나는 이름을 꼽으라면 단연 레오나르도 다빈치일 것이다. 그는 화가였고, 동시에 과학자였으며, 발명가이자 음악가였다. 미켈란젤로나 라파엘로가 특정 예술 분야에서 깊이를 더했다면, 다빈치는 여러 분야를 넘나들며 전혀 다른 세계를 연결했다. 〈모나리자〉와 〈최후의 만찬〉 같은 작품이 단순한 회화가 아니라 수학적 원근법, 해부학적 탐구, 심리학적 통찰을 담을 수 있었던 것은 바로 이 다중정체성 덕분이었다. 다빈치는 단일한 직업인이나 전문인을 넘어, 시대 자체를 관통하는 복합적 존재였다. 그리고 지금, 커리어 해체의 시대에 우리가 다시 배워야 할 교훈이 바로 여기에 있다.

과거 산업화 시대의 직업인은 오로지 한 분야에서 깊이를 쌓는 것이 미덕이었다. "한 우물을 파라"는 말은 삶의 철칙이었다. 그러나 AI와 자동화가 일상화된 지금, 단일한 정체성만으로는 불안정한 세계를 버티기 어렵다. 오히려 여러 정체성을 가진 사람이 더 강력한 회복력을 보인다. 사회학자 마크 그라노베터[21]가 말한 "약한 연결(weak ties)"의 이론은 이를 뒷받침한다. 서로 다른 네트워크와 정체성이 교차할 때 새로운 기회가 생긴다는 것이다.

최근 한국에서도 이 다중정체성의 힘은 뚜렷하게 드러난다. 2023년 대한상공회의소 조사에 따르면, 직장인의 47%가 "본업과 별개로 다른 정체성을 가진 활동"을 하고 있다고 답했다. 그중 가장 많은 유형은 창작 활동(글쓰기, 영상 제작)이었고, 다음으로는 학습과 자격증 취득, 그리고 사회 활동이었다. 예컨대 한 중견기업의 인사 담당자는 주말마다 심리학 강의를 듣고, 관련 블로그를 운영하며 글을 쓴다. 그는 회사에서는 HR 전문가이지만, 온라인에서는 심리학 작가로 알려졌다. 불과 몇 년 전까지만 해도 "산만하다"는 평가를 들었겠지만, 지금은 "새로운 기회의 가능성"으로 읽힌다.

미국 하버드 비즈니스 리뷰(HBR)는 2024년 특집 기사에서 "멀티 아이덴티티(multifaceted identity)를 가진 인재가 위기에서 더 오래 살아남는다"고 분석했다. 실제로 코로나 팬데믹 동안, 의료인 중에서도 단순히 환자를 치료하는 역할만 하던 사람들은 병원 구조조정에서 먼저 해고되었지만, 동시에 연구와 데이터 분석 경험을 쌓았던 이들은 새로

---

21   마크 그라노베터(Mark Granovetter, 1943 -). 미국 스탠퍼드대학교 사회학과 석좌교수. 1970
      년대 이후 현대사회학 이론에 영향을 미쳤으며, 사회 연결망과 정보의 확산을 다룬 논문 '약
      한 연결의 힘(The Strength of Weak Ties)'으로 유명함.

운 프로젝트로 이동해 자리를 지켰다. 다중정체성이 위기 속 생존을 가능하게 한 것이다. 조선 후기 실학자 정약용은 정치가이자 행정가였지만, 동시에 과학자이자 기술자였다. 유배지에서 그는 농업 기술을 연구하고, 건축 설계를 하고, 법제 개혁을 구상했다. 정치적 좌절이 그의 커리어를 무너뜨릴 뻔했지만, 다중정체성 덕분에 그는 후대에 더 큰 사상가로 남을 수 있었다. 단일 정체성에 갇혀 있었다면 그는 역사 속에서 사라졌을 것이다.

현대 기업 세계에서도 다중 정체성의 가치는 더욱 커지고 있다. 구글의 창업자 세르게이 브린과 래리 페이지는 컴퓨터 과학자이자 동시에 사업가였으며, 혁신가였다. 일론 머스크는 물리학과 경제학을 공부했고, 기업가이자 엔지니어, 우주산업 혁신가로 자신을 정의한다. 그들의 성공은 단일 영역의 깊이만으로는 설명되지 않는다. 서로 다른 영역이 교차하며 만들어 낸 통합적 사고가 바로 핵심이다. 2024년 글로벌 노동 시장에서 주목받은 한 흐름은 '슬래서(slasher)'라는 개념이었다. 직업을 말할 때 하나가 아니라 여러 개를 슬래시(/)로 구분해 표기하는 방식이다. 예컨대 디자이너/강사/크리에이터, 엔지니어/투자가/작가처럼 자신을 여러 역할의 조합으로 소개한다. 단일 직업명보다 이 조합이 개인의 실체를 더 잘 드러낸다. 이는 다중 정체성을 가진 사람들의 대표적인 사례다.

다중 정체성은 단순히 직업의 개수가 아니라, 삶을 바라보는 관점의 전환을 요구한다. 직업 하나에 몰두하며 모든 희망을 거는 순간, 그 직업이 사라지면 나는 무너진다. 그러나 나를 설명하는 언어가 여럿일 때, 나는 훨씬 더 유연하고 단단하다. 중요한 것은 균형이다. 여러 정체성을 동시에 쌓되, 그것들이 서로 연결되도록 설계해야 한다. 흩어진 조각이 아니라 서로 보완하고 확장하는 구조로 만들어질 때, 다중화된 포트폴리오는 강력한 힘을 발휘한다.

대학 연구원 겸 디지털 아티스트

한때 인공지능 윤리를 연구하는 평범한 대학원생이었던 박 모 씨는 학계의 엄격한 틀 안에서 자신의 창의성이 억눌리는 것을 느꼈다. 그는 퇴근 후, AI를 활용해 추상적인 디지털 예술 작품을 만드는 데 몰두했다. 코드를 통해 이미지를 생성하고, 색상과 형태를 조작하며 그만의 독특한 세계를 구축해 나갔다. 그의 작품은 NFT(대체불가토큰)[22] 마켓에 올리면서부터 주목받기 시작했다. 논문 속의 차가운 AI 기술이 예술이라는 뜨거운 감성과 만나자, 많은 사람들이 그의 작업에 열광했다. 이제 그는 AI 윤리 전문가로서 학회 발표를 하고, 동시에 'AI 아티스트'로서 작품 전시회를 열고 있다. 학문적 정체성과 예술가적 정체성이 서로를 보완하며, 그를 기술과 예술의 경계를 넘나드는 독보적인 인물로 만들었다.

---

22 NFT(Non-Fungible Token). 대체불가토큰, 블록체인 기술을 기반으로 디지털 자산의 소유권을 증명하는 고유한 토큰을 의미함.

낮에는 건축가, 밤에는 도시 탐험가

서울의 한 건축가 김 모 씨는 낮에는 대형 건설 프로젝트에 참여하며 빌딩을 설계한다. 그러나 그의 정체성은 거기에 머무르지 않는다. 그는 밤마다 서울의 오래된 골목과 재개발 구역을 탐험하며 기록하는 '도시 탐험가'로 활동한다. 그가 운영하는 SNS 계정은 수십만 팔로워를 보유하고 있으며, 낡은 공간에 담긴 역사와 삶의 흔적을 담아내는 사진과 글은 많은 사람들의 공감을 얻고 있다. 처음에는 단순한 취미였지만, 이 활동은 곧 그에게 새로운 기회를 열어 주었다. 지자체로부터 도시 재생 프로젝트 자문 요청이 들어오고, 다큐멘터리 제작에 참여하기도 했다. 건축가라는 정체성은 건물을 짓는 전문가이지만, 도시 탐험가라는 정체성은 그 공간에 담긴 이야기를 읽는 스토리텔러다. 이 두 정체성을 결합함으로써 그는 단순히 건물을 설계하는 것을 넘어, 도시의 과거와 미래를 연결하는 특별한 건축가로 자리매김했다.

물론 다중 정체성이 항상 장점만 있는 것은 아니다. 너무 많은 역할에 분산되면 에너지가 흩어지고, 어느 것도 깊이 쌓지 못한다는 비판도 존재한다. 실제로 2023년 한국 직장인 1,000명을 대상으로 한 조사에서, "다중 활동을 하다가 번아웃을 경험했다"는 응답이 36%에 달했다. 그러나 중요한 것은 다중정체성 자체가 문제가 아니라, 그것을 어떻게 관리하고 조율하느냐다. 다빈치 역시 수많은 아이디어를 남겼지만 완성하지 못한 것도 많았다. 그러나 그 미완의 흔적조차 후대에 큰 자산이 되었다. 중요한 것은 한 가지에 집착하는 것이 아니라, 다양한 연결

속에서 새로운 길을 만들어 내는 것이다.

　AI 시대에 다중 정체성은 더 큰 의미를 갖는다. AI가 반복 업무를 대체할수록 인간에게 요구되는 것은 창의성과 통합적 사고다. 단일 정체성에 머무르는 사람은 쉽게 대체될 수 있다. 하지만 다양한 경험과 정체성을 가진 사람은 AI가 할 수 없는 방식으로 문제를 정의하고 해결할 수 있다. 한 IT 회사에서 데이터 분석가로 일하는 한 여성은 퇴근 후 글쓰기 모임에 참여해 글을 쓰기 시작했다. 처음에는 취미였지만, 이 글쓰기를 통해 데이터 분석 결과를 더 설득력 있게 설명하는 능력이 생겼다. 결국 그녀는 같은 실력의 다른 분석가들보다 더 높은 평가를 받았다. 데이터와 글쓰기라는 서로 다른 정체성이 결합해 경쟁력을 만든 것이다.

　결국 다빈치가 우리에게 주는 교훈은 단순하다. 단일한 정체성은 안전해 보이지만, 변화 앞에서는 가장 취약하다. 여러 개의 정체성을 가진 사람은 위기에서도 대체될 수 없는 가치를 만들어낸다. 현대의 커리어 해체는 단순히 직업의 붕괴가 아니라, 정체성의 해체를 요구한다는 것을 잊어서는 안 된다. "나는 누구인가?"라는 질문에 "나는 ○○ 회사의 직원"이라고 답하는 순간, 이미 위험에 노출된 셈이다. 그 대신 "나는 마케터이자 작가이며, 동시에 학습자"라고 답할 수 있어야 한다.

　다중 정체성은 선택이 아니라 필연이다. 사다리가 무너진 시대에, 단일한 길은 존재하지 않는다. 여러 갈래의 길을 동시에 걸으며, 그것들

을 연결하고 엮어 내는 사람이 결국 새로운 질서의 주체가 된다. 다빈
치가 남긴 작품과 발명은 그의 다중정체성이 낳은 산물이었다. 그리고
오늘날 우리 역시 다중 정체성을 통해 새로운 가능성을 만들어 내야
한다.

고유성의 힘

AI 시대에 가장 흔히 드러나는 착각은 '더 잘하는 것'이 곧 생존의 열쇠라는 믿음이다.

더 빠르게, 더 정확하게, 더 효율적으로 주어진 일을 '잘 하는' 능력이 중요하다고 생각한다. 그러나 아이러니하게도 이 경쟁에서 인간은 필연적으로 패배할 수밖에 없다. 기계는 이미 인간보다 빠르고, 더 많은 데이터를 기억하며, 더 적은 비용으로 결과물을 내놓는다. 속도와 정확성, 효율의 영역에서 인간은 끝내 AI를 따라잡을 수 없다. 그렇다면 무엇이 인간을 여전히 필요하게 만드는가? 나는 바로 고유성이라고 생각한다.

효율의 끝에서 드러나는 한계

20세기 후반, 일본의 자동차 산업은 세계를 휩쓸었다. 토요타는 '저스트 인 타임'이라는 혁신적인 생산 방식을 통해 효율의 아이콘으로 자리잡았다. 하지만 시간이 지나자 동일한 방식을 채택한 경쟁자들이 늘어나면서, 효율만으로는 차별화가 불가능해졌다. 결국 토요타가 다시 주목한 것은 '브랜드 정체성'이었다. 단순히 연비가 좋고 고장이 적다는 차원을 넘어, '토요타만의 안정감'이라는 인식을 구축함으로써 경쟁의 판을 바꿨다. 효율의 경쟁이 끝난 자리에서, 고유성의 힘이 다시 작동한 것이다.

오늘날 지식노동에서도 똑같은 일이 벌어진다. 보고서 작성, 데이터 분석, 번역, 디자인 초안 같은 작업은 이미 AI가 인간보다 빠르고 정밀하게 처리한다. 하지만 여기서 끝나지 않는다. 누군가의 독창적 관점, 의외의 연결, 특정한 삶의 경험에서 우러난 해석은 기계가 흉내 내지 못한다. 결국 효율이 극단까지 밀고 나가면 남는 것은 고유성뿐이다.

복제할 수 없는 흔적

한 장인의 도자기를 떠올려 보자. 기계가 만든 제품은 모두 똑같지만, 장인이 빚은 그릇은 미세한 불균형과 색감의 차이가 존재한다. 어떤 이는 그 흠을 '불완전함'이라 부르지만, 바로 그 차이가 진품을 구별하게 한다. 이 고유한 흔적은 아무리 정교한 복제 기술도 완전히 동일하게 재현할 수 없다. 비슷한 일이 디지털 예술에서도 일어난다. 앞서 언급한 바 있는, NFT(대체 불가능 토큰)가 유행한 이유는 단순히 '디지털 작품을 사고 판다'는 기능 때문이 아니었다. 누구나 복사할 수 있는 JPG 파일이라도, 특정한 작품이 원본임을 증명하는 유일한 흔적이 기록되었기 때문에 가치가 부여되었다. 기술이 발전할수록, 오히려 고유성을 보존하는 장치가 필요해진 것이다.

인간적 경험에서 오는 고유성

AI는 수많은 데이터를 학습해 새로운 문장을 만들어 낸다. 그러나 그 문장이 살아 있는 울림을 가지려면, 인간적 경험에서 비롯된 맥락이 필요하다. 예컨대, "전쟁은 고통스럽다"라는 문장은 누구나 할 수 있다. 하지만 전쟁터에서 가족을 잃은 사람이 전하는 한 마디는 같은 내용이라도 무게가 전혀 다르다. 고유성은 바로 이런 경험에서 온다.

실제 기업 현장에서도 이런 차이는 뚜렷하다. 글로벌 제약회사 노바티스는 내부 교육 프로그램에서 단순한 기술적 교육보다, 각 개인이 환자와의 실제 경험을 어떻게 바라보는지를 중시한다. 환자의 목소리를 직접 듣고 느낀 바를 공유하는 과정에서 나온 아이디어가, 수많은 데이터 분석보다 더 혁신적인 치료법의 출발점이 되기도 했다. 데이터는 AI가 더 잘 분석하지만, 환자의 울음소리에서 의미를 발견하는 것은 인간만이 할 수 있다.

차별화의 본질: 남이 할 수 없는 방식

많은 사람들이 AI와 경쟁하기 위해 더 많이 배우고, 더 빨리 따라잡으려 한다. 그러나 그 방향은 점점 더 좁은 길로 몰린다. 남들이 다 할 수 있는 것을 '조금 더 잘' 하는 것만으로는 증명이 되지 않는다. 차별화의 본질은 '나만이 할 수 있는 방식'에 있다.

예를 들어, 유명 셰프 마시모 보투라[23]는 이탈리아 전통 요리를 재해석해 세계적인 명성을 얻었다. 그의 요리는 기본적인 파스타나 라자냐와 크게 다르지 않다. 그러나 그는 음식에 어린 시절의 기억, 지역의 역사, 사회적 메시지를 담았다. 단순히 맛있는 음식을 만드는 것이 아니라, 음식을 통해 이야기를 전하는 방식이 그의 고유성이었다. 그 결과 그의 레스토랑은 미슐랭 3스타에 올랐고, 수많은 모방자가 생겼지만 누구도 그와 같은 울림을 주지는 못했다.

고유성은 태도의 산물이다

고유성은 단순히 타고나는 것이 아니다. 태도와 선택에서 비롯된다. 같은 문제를 마주했을 때, 어떤 이는 안전한 답을 택하고, 어떤 이는 위험하더라도 새로운 길을 낸다. 후자가 곧 고유성을 만들어 낸다. 스타트업 창업자들 중에는 흔히 말하는 '천재'가 아닌 경우가 많다. 하지만 그들이 주목받는 이유는 같은 현실을 전혀 다른 각도에서 해석했기 때

---

23 마시모 보투라(Massimo Bottura, 1962 -). 이탈리아 요리 연구가. 이탈리아 전통 요리로 유명한 오스테리아 프란체스카나 오너 셰프.

문이다. 우버는 단순한 '차량 호출 서비스'가 아니라 '도시의 이동 경험을 재설계한다'는 관점을 내세웠다. 이 고유한 태도가 기존 택시 산업의 효율성을 압도했다. 고유성은 기술이 아니라 태도에서 태어난다.

증명의 방식으로서의 고유성

앞서 묻던 질문으로 돌아가 보자. "무엇으로 당신을 증명할 수 있는가?" 학위와 직함, 성과 지표가 모두 흔들리는 시대에, 남는 것은 고유성이다. 나만의 경험, 해석, 태도, 그리고 그것을 드러내는 결과물이 곧 증명이다. AI가 인간보다 더 잘할 수 있는 것은 많지만, 인간만이 할 수 있는 방식이 반드시 존재한다. 그것이 바로 생존의 열쇠다.

고유성은 특별한 재능을 가진 극소수의 것이 아니다. 오히려 누구에게나 있다. 문제는 그것을 얼마나 자각하고, 드러내고, 발전시키느냐에 달려 있다. 고유성을 드러내지 못하면 결국 대체 가능성이 된다. 하지만 고유성을 끝까지 밀어붙인다면, 아무리 효율적이고 값싼 기계가 넘쳐도, 당신을 대신할 수 있는 존재는 없다.

맥락을 읽는 능력

AI 시대라고 해서 모든 사람이 코딩을 배울 필요는 없으며, 더구나 IT 와 기술의 영역을 모두 섭렵해야 한다는 의미는 아니다. 하지만 이런 혼란 속에서도 과거와 달리 이제는 누구나 필요하다고 인정되는 역량이 있다. 바로 맥락을 읽는 능력이다. 인간은 오래전부터 맥락을 통해 의미를 구성해 왔다. 단어 하나도 맥락이 바뀌면 전혀 다른 뜻을 갖는다. 같은 사건도 해석하는 관점에 따라 완전히 다른 이야기가 된다. 문제는, 기계는 여전히 맥락을 읽는 데 서툴다는 점이다. AI는 방대한 데이터와 규칙을 학습하지만, 그것이 놓여 있는 역사적·문화적·심리적 맥락까지 자연스럽게 해석하지는 못한다. 바로 그 지점에서 인간이 살아남을 길이 열린다.

데이터는 사실을 말하지만, 의미는 맥락이 만든다

2008년 금융위기를 떠올려 보자. 수많은 투자자들이 '데이터상으로는 안전하다'는 보고서에 의존했다. 서브프라임 모기지 채권은 수익률이 높고, 위험 분산이 되어 있다고 분석되었다. 사실만 보자면 맞았다. 하지만 그 사실이 만들어진 맥락, 즉 저신용 대출자들이 과도하게 빚을 지고 있었고, 부동산 가격이 거품으로 부풀어 있었다는 맥락을 읽지 못했다. 결국 '안전하다'는 데이터는 아무 의미가 없었다. 의미는 맥락에서만 나온다.

비슷한 일이 일상에서도 반복된다. 같은 지표를 보고도 어떤 조직은 위기를 읽어 내고, 다른 조직은 안심하다 몰락한다. 지표 자체가 아니라 그것이 나타나는 상황과 배경을 읽어 내는 감각이 갈림길을 만든다.

맥락을 무시한 기술의 실패

구글은 한때 '구글 글래스'라는 웨어러블 기기를 내놨다. 기술적으로는 혁신적이었다. 안경 하나로 인터넷 검색, 사진 촬영, 실시간 번역까지 가능했다. 그러나 시장은 차갑게 외면했다. 기술은 완벽했지만, 사람들이 '카메라가 달린 안경을 쓰고 상대 앞에 서 있는 것'을 불편해할 것이라는 사회적 맥락을 읽지 못했기 때문이다. 프라이버시와 인간 관계의 미묘한 감정을 무시한 기술은 결국 퇴출됐다. 반대로, 애플의 아이폰은 단순한 전화기가 아니었다. 이미 휴대전화는 존재했고, 인터넷

접속도 가능했다. 그러나 애플은 사람들이 '손끝으로 세상을 조작하고 싶어 한다'는 맥락을 읽어 냈다. 기술은 같았지만, 맥락을 읽어 낸 결과는 완전히 달랐다.

언어는 맥락의 대표적인 사례다

AI 번역기는 하루가 다르게 발전한다. 하지만 여전히 사람들은 중요한 협상이나 문화적 차이가 큰 대화에서 인간 번역가를 찾는다. 이유는 간단하다. 언어는 맥락 없이는 반쪽짜리에 불과하기 때문이다. 영어 표현 "It's about time"은 단순히 직역하면 "때가 되었다"이지만, 상황에 따라 "드디어!"라는 감탄일 수도 있고, "이제야 겨우 하네"라는 비아냥일 수도 있다. AI는 점점 더 정확해지지만, 여전히 뉘앙스와 상황적 함의를 완벽하게 잡아 내지 못한다. 반면 인간은 상대의 표정, 말투, 분위기를 함께 읽어 내며 의미를 정밀하게 조정한다. 이는 단순한 언어 능력이 아니라 맥락을 해석하는 능력이다.

맥락을 읽는 능력은 곧 설득의 힘이다

설득은 언제나 맥락에서 비롯된다. 누군가를 움직이려면 '무엇을 말하는가'보다 '언제, 어디서, 누구에게 말하는가'가 더 중요하다. 정치인의 연설을 보자. 같은 메시지라도 위기 상황에서의 한마디와 평온한 시기에의 한마디는 무게가 전혀 다르다. 링컨의 게티즈버그 연설은 단지 짧고 간결해서 유명한 것이 아니다. 전쟁으로 지친 국민 앞에서, 희생자들의 묘지 위에서, 절망을 희망으로 바꾸는 메시지를 던졌기 때문에 역사에 남았다. 맥락이 메시지를 증폭시킨 것이다. 기업 경영에서도 마찬가지다. 넷플릭스가 DVD 대여 사업에서 스트리밍으로 전환했을 때, 단순히 '인터넷으로 영화 보자'라는 아이디어가 아니라, 인터넷 보급률이 일정 수준에 도달했고, 사람들의 콘텐츠 소비 습관이 변하고 있다는 맥락을 읽어 냈기 때문에 성공할 수 있었다.

맥락을 읽지 못하면 판단은 흔들린다

많은 리더가 데이터를 붙잡고 판단하려 한다. 그러나 데이터만으로는 미래를 결정할 수 없다. AI 역시 같은 한계에 걸려 있다. AI가 도출한 결론을 맹목적으로 따르면, 맥락 없는 합리성에 빠질 위험이 크다. 예컨대, 인사팀이 직원들의 성과 데이터를 근거로 구조조정을 진행한다고 하자. 단순히 수치만 보면 누군가는 '성과가 낮다'는 이유로 잘려야 한다. 그러나 맥락을 읽으면, 그 직원이 새로운 프로젝트에서 중심적인 역할을 하고 있거나, 조직의 사기를 지탱하는 인물일 수도 있다. 맥락은 수치를 넘어서 흔들리는 판단의 새로운 기준이 될 수 있다.

맥락을 읽는 능력은 어떻게 훈련되는가?

이 능력은 단순한 재능이 아니라 훈련과 태도의 문제다. 무엇보다 표면에 드러난 현상만이 아니라 그 뒤의 배경을 읽어 내야 한다. 지표가 나타날 때는 숫자 자체가 아니라 그것을 만들어 낸 과정과, 그 속에 담긴 사람들의 행동과 감정을 함께 살펴야 한다. 또한 맥락은 정지화면이 아니라 영화처럼 시간의 흐름 속에서 드러난다. 한순간의 데이터만으로는 쉽게 오해할 수 있기에, 변화의 궤적을 따라가야 의미가 선명해진다. 여기에 교차적인 시선도 필요하다. 경제 현상을 문화적 배경과 연결하고, 기술의 흐름을 인간 심리와 겹쳐 읽을 때 비로소 전체 그림이 드러난다. 그리고 마지막으로 중요한 것은 질문을 멈추지 않는 태도다. "왜 이런 수치가 나왔을까?", "왜 사람들은 이렇게 행동할까?"라는 물음을 던지는 순간, 가려져 있던 맥락이 모습을 드러낸다.

AI 시대 스스로를 증명하는 방식이자 가장 필요한 역량 중의 하나는 바로 맥락을 읽는 능력이다. 데이터는 누구나 가질 수 있고, AI는 더 빨리 분석할 수 있다. 그러나 그 데이터가 놓여 있는 환경과 배경을 해석해 의미를 만드는 것은 인간만의 몫이다. 맥락을 읽을 수 있는 자만이 타인을 설득하고, 미래를 준비하며, 새로운 길을 제시한다. AI가 효율을 책임지는 시대, 인간은 맥락을 통해 의미를 책임져야 한다. 그리고 바로 그 능력이야말로 인간의 생존을 보증하는 가장 확실한 증거다.

데이터 스토리텔링

데이터는 현대 사회의 새로운 언어다. 숫자와 지표, 그래프와 표는 사실을 압축하고, 복잡한 현실을 단순화한다. 하지만 데이터 자체는 언제나 무미건조하다. 숫자는 맥락이 없으면 단순한 기호에 불과하다. 사람을 움직이고, 집단을 설득하며, 사회를 변화시키는 것은 데이터 그 자체가 아니라 데이터로 만들어 낸 이야기다. AI가 데이터를 분석하는 시대일수록, 인간은 데이터를 엮어 내어 서사를 만들고, 그것으로 타인의 마음을 움직이는 능력을 증명해야 한다.

예를 들어 보자. 세계보건기구가 매년 발표하는 통계는 방대한 수치로 가득하다. 영아 사망률, 평균 기대수명, 질병 발생 비율 같은 데이터는 치밀하게 정리되어 있다. 그러나 그 숫자만으로는 아무도 울지 않는다. 단순히 "전 세계 영아 사망률이 1,000명당 28명이다"라는 사실은 사람들을 움직이지 못한다. 하지만 "탄자니아의 한 시골 마을에서는, 깨끗한 물을 마시지 못해 다섯 살도 채 안 된 아이들이 매달 수십 명씩 죽어 가고 있다"라는 이야기는 마음을 뒤흔든다. 같은 데이터를 배경으로 하되, 그것을 개인의 삶과 연결한 이야기는 전혀 다른 힘을 가진다. 데이터는 출발점일 뿐이고, 이야기는 행동을 이끄는 촉매제다.

숫자만으로는 사람을 설득할 수 없다

한 스타트업 대표가 투자자 앞에서 프레젠테이션을 한다고 하자. 그는 "우리는 시장 점유율을 15% 확보할 수 있고, 성장률은 매년 30% 이상이다"라는 데이터를 내세운다. 하지만 이런 숫자는 누구나 가져올 수 있다. 투자자는 이미 수십 개의 팀으로부터 비슷한 자료를 받는다.

반면 어떤 창업자는 같은 시장 데이터를 보여 주면서 이렇게 말한다. "저는 실제로 이 서비스를 매일 써야 하는 사용자였고, 불편해서 스스로 만들었습니다. 같은 불편을 겪는 수백만 명이 있습니다. 그래서 우리가 제공하는 솔루션은 단순한 앱이 아니라, 삶의 방식을 바꾸는 열쇠가 될 겁니다." 데이터는 같지만, 이야기를 어떻게 엮느냐에 따라 결과는 완전히 달라진다.

링컨의 노예해방 선언은 단순히 수치상의 계산으로 이뤄진 결정이 아니었다. 당시 미국의 경제 데이터만 본다면 남부 노예제는 효율적이었고, 북부의 산업 성장률은 불안정했다. 하지만 링컨은 노예제를 폐지해야 한다는 도덕적 서사를 만들었고, 그 이야기가 미국 사회를 바꾸었다. 데이터가 아니라 이야기의 힘이 역사를 움직였다. 비슷한 예는 환경 운동에서도 찾아볼 수 있다. 지구 온도가 1.5도 상승한다는 데이터는 많은 사람에게 추상적이다. 그러나 빙하가 무너지고 북극곰이 굶주린다는 이미지는 강력한 이야기다. 데이터는 과학자의 보고서에 머무르지만, 이야기는 사람들의 행동을 바꾼다.

AI는 데이터를 설명하지만, 이야기는 인간의 몫이다

AI는 복잡한 데이터 패턴을 찾아내고, 인간보다 훨씬 정교한 예측 모델을 만든다. 하지만 그것이 곧 설득력으로 이어지지는 않는다. 예측이 정확하다고 해서 사람들이 자동으로 움직이지 않는다. 인간은 합리적 존재가 아니라 의미를 추구하는 존재다. 의미는 서사에서 나온다.

예를 들어, 기업이 직원들에게 "AI를 도입하면 생산성이 20% 향상된다"라고 말한다고 해 보자. 그러나 직원들은 곧바로 반발한다. '생산성 향상'이라는 데이터는 그들에게 해고 위협으로 다가오기 때문이다. 이때 필요한 것은 데이터가 아니라 이야기다. "AI는 반복적 업무를 줄여주고, 당신이 창의적이고 가치 있는 일에 집중할 수 있도록 도와줄 것이다"라는 이야기가 있을 때만 사람들은 받아들인다. 같은 데이터라도 이야기를 어떻게 짜느냐가 결과를 결정한다.

데이터 스토리텔링의 조건

데이터로 이야기를 만드는 능력은 단순한 기술이 아니라 사고의 방식이다. 숫자가 힘을 갖는 순간은 그것이 사람의 삶과 연결될 때다. GDP 성장률이 3%라는 말보다 "당신의 월급이 5년 전보다 줄어들고 있다"는 설명이 훨씬 더 설득력을 지닌다. 또한 데이터는 단면으로 존재하지 않는다. 궤적을 따라 흐름을 보여 줄 때 이야기가 된다. "10년 동안 점점 하락해 결국 마이너스에 도달했다"는 서술은 성장률이 2%라는 수치보다 훨씬 강력하다.

수치는 상징을 통해 각인되기도 한다. '350ppm'이라는 기후 수치 자체보다 "지구의 허용 한계선을 넘은 임계점"이라는 상징적 표현이 더 오래 기억된다. 같은 맥락에서, 대조는 데이터에 생생한 맥락을 부여한다. "이 도시의 미세먼지 농도는 40"이라는 말은 추상적이지만, "서울의 두 배, 베이징의 절반"이라는 비교는 훨씬 선명하게 다가온다.

그리고 데이터는 언제나 미래와 연결될 때 비로소 행동으로 이어진다. 현재의 실업률이 5%라는 수치는 단순한 정보에 그치지만, "지금 대비책을 세우지 않으면 5년 후 청년 실업이 두 배가 된다"는 전망은 사람을 움직이게 만든다. 결국 데이터 스토리텔링은 수치를 넘어서 사람, 시간, 상징, 대조, 미래를 엮어 내는 사고의 방식이다.

AI 시대의 증명은 단순한 데이터 제시로 끝나지 않는다. 누구나 데이터를 가져올 수 있고, AI는 더 정교한 분석을 해 준다. 그러나 그 데이터에 생명력을 불어넣고, 맥락을 입히며, 사람들을 움직이는 이야기를 만드는 것은 인간의 몫이다. 앞으로의 경쟁은 숫자를 얼마나 많이 보여 주느냐가 아니라, 그 숫자로 어떤 이야기를 만들어 내느냐에서 갈린다. 데이터를 설득의 무기로 바꾸는 순간, 인간은 여전히 AI 시대의 주인공으로 남는다. 데이터와 이야기는 서로를 보완하며 함께 증명할 수 있기 때문이다.

심리적 내구성
– 불안정성을 견디는 힘

"강한 사람은 고통을 피하는 사람이 아니라,
고통을 견디는 사람이다."

— 빅터 프랭클, 『죽음의 수용소에서』

커리어 해체의 시대를 사는 우리에게 가장 큰 적은 기술의 변화나 기업의 구조조정 그 자체가 아니다. 진짜 적은 그 변화와 불안을 감당하지 못해 스스로 무너져 버리는 내면이다. 불확실성과 불안정성이 일상화된 지금, 심리적 내구성은 생존을 결정짓는 가장 중요한 요소다. 내구성이란 쉽게 부서지지 않는 힘이다. 강철이 충격을 받아도 휘어지며 버티듯, 심리적 내구성이 있는 사람은 흔들리더라도 쉽게 꺾이지 않는다. 해체된 커리어를 다시 조립하려면 먼저 내 안에서 불안정성을 견디는 힘을 길러야 한다.

심리적 내구성이 특히 중요해진 이유는 과거와 달리 '안정'이라는 전제가 사라졌기 때문이다. 부모 세대는 한 회사에 들어가 평생을 다니며 안정된 경로를 밟을 수 있었다. 그러나 지금 세대는 평균 근속 연수가 짧아지고, 언제든 기술 변화나 경기 불황으로 일자리를 잃을 수 있다. 앞선 통계에서도 이미 확인했듯이, 2025년을 기준으로 대기업 평균 근속연수는 9년, 중소기업은 5년 이하로 떨어졌다. 안정된 궤도를 기대할 수 없는 시대에 살아남으려면 내면의 버티는 힘이 필요하다.

심리적 내구성은 단순한 낙관주의와 다르다

아무 근거 없이 "잘 될 거야"라고 믿는 것은 위험하다. 내구성은 현실을 직시하면서도 감정에 휩쓸리지 않고, 위기를 흡수해 성장의 자원으로 바꾸는 능력이다. 빅터 프랭클은 아우슈비츠 강제수용소에서 생존한 경험을 그의 저서 『죽음의 수용소에서』를 통해 "삶의 의미를 붙잡은 사람만이 극한 상황을 견딜 수 있었다"고 말했다. 내구성의 핵심은 현실의 불확실성을 피하는 것이 아니라, 그것을 삶의 일부로 받아들이고 의미를 찾는 힘이다. 심리적 내구성은 훈련될 수 있다.

심리적 내구성을 지닌 사람들은 불안을 없애려 하기보다 삶의 일부로 받아들인다. 스타트업 창업자들이 늘 실패의 가능성을 안고도 그 불안을 지우려 애쓰기보다, 자본처럼 관리하며 에너지원으로 삼는 태도에서 그 힘을 볼 수 있다. 회피가 아니라 수용이 내구성을 단단하게 한다.

또한 작은 회복 경험의 축적이 큰 차이를 만든다. 발표를 망치거나 프로젝트가 실패했을 때, 이를 외면하지 않고 복기하며 다시 시도하는 순간들이 쌓이면, 위기 앞에서도 흔들림이 줄어든다. 연구에 따르면 이런 경험이 많은 사람들은 예상치 못한 상황에서도 빠르게 회복한다.

내구성은 의미를 통해서도 강화된다. 월급의 크기와 무관하게, 자신이 하는 일에서 가치를 발견하는 사람은 고난을 견디는 힘을 갖는다. 퇴직 후 비영리 활동을 시작한 한 직장인은 "사회적 의미가 더 큰 일을 한다는 사실이 삶을 지탱해 준다"고 말한다. 결국 돈이 아니라 의미가 사람을 버티게 한다.

그러나 이 힘은 홀로 만들어지지 않는다. 가족과 동료, 커뮤니티 같은 관계망은 불확실성을 견디는 든든한 버팀목이다. 실제 조사에서도 주변의 지지가 있는 사람들은 해고 후에도 훨씬 빨리 재기하는 모습을 보였다. 관계는 단순한 정보 교환을 넘어 심리적 내구성의 기반이 된다.

마지막으로 중요한 것은 자기 서사를 새롭게 쓰는 능력이다. 위기를 '끝'으로 해석할지 '시작'으로 바라볼지는 본인의 선택이다. 은행 지점장으로 은퇴한 한 남성은 도시 농부로 전환하며 새로운 삶을 기록했고, 그 경험이 책으로 이어졌다. 과거의 타이틀에 매이지 않고 새로운 정체성을 만들어 낸 그는, 예측 불가능성 속에서도 삶을 더 깊이 배우게 되었다. 내구성은 결국 사건 자체가 아니라, 그것을 어떤 이야기로 다시 써 내려가는가에 달려 있다.

불안정성을 견디는 힘

심리적 내구성을 강화하기 위한 실천은 일상에서도 가능하다. 매일 짧게 감사 일기를 쓰는 것, 실패 경험을 기록하며 배운 점을 찾는 것, 불안을 느낄 때 도망치지 않고 관찰하는 것, 정기적으로 관계를 돌보는 것, 자신에게 중요한 의미를 되새기는 것. 이런 작은 습관들이 모여 내구성을 단단히 만든다. 영국의 윈스턴 처칠은 제2차 세계대전 동안 런던 폭격 속에서도 무너지지 않았다. 그는 "비관주의자는 모든 기회에서 어려움을 보고, 낙관주의자는 모든 어려움에서 기회를 본다"고 말했다. 내구성은 낙관적 환상이 아니라, 어려움 속에서 기회를 보는 태도였다. 지금 우리에게 필요한 것도 바로 그 힘이다. 밀어닥치는 위기와 변화는 피할 수 없다. 그러나 그것을 견뎌 내고 재조립으로 나아갈 수 있는 사람은 심리적 내구성을 가진 사람이다. 불확실성을 견디는 힘, 작은 실패에서 회복하는 힘, 의미를 찾는 힘, 관계에 기대는 힘, 그리고 자기 서사를 새롭게 쓰는 힘. 이것들이 모여 내구성을 만든다.

불안정성을 피하려 하지 말고, 그것을 견디는 힘을 키워야 한다. 심리적 내구성은 타고나는 것이 아니라, 훈련되고 축적되는 것이다. 작은 습관과 반복된 회복 경험, 의미 있는 관계와 해석의 힘이 당신을 단단하게 만든다. 커리어 해체의 시대에 진짜 자산은 직업이 아니라 내구성이다. 이 힘을 가진 사람만이 불확실성 속에서도 꺾이지 않고, 오히려 흔들림을 발판 삼아 더 크게 성장할 수 있다.

관계 자본주의
– 네트워크 중심의 생존 전략

앞으로 개인의 생존을 좌우하는 자산은 더 이상 직급도 아니고, 한 회사에서 쌓은 근속 연수도 아니다. 지금은 관계, 곧 **네트워크가 새로운 자본의 형태로 떠오르고 있다.** 돈처럼 쌓이고, 기술처럼 발전하며, 때로는 어떤 자격증보다 더 큰 힘을 발휘한다. 이제 우리는 '관계가 자본이 되는 시대'를 살고 있는 것이다.

과거 산업사회에서는 회사가 곧 네트워크였다.

어느 기업에 들어가느냐가 인생의 방향을 결정했고, 그 안에서의 승진이 곧 사회적 신뢰의 크기를 의미했다. 그러나 지금은 다르다. 조직은 더 이상 경력을 보장하지 않고, 내부 네트워크는 정리해고나 구조조정 한 번이면 무너진다. 수십 년 쌓아 온 인간관계도, 명함 한 장의 변화로 끊어질 수 있는 시대에 살고 있는 것이다. 따라서 오늘날 중요한 것은 **회사 내부의 인간관계가 아니라, 개인이 스스로 구축한 관계망**이다.

2023년 맥킨지 보고서에 따르면 전 세계 직장인의 40% 이상이 기존 조직 외부의 네트워크를 통해 새로운 기회를 얻는다고 한다. 한국에서도 2024년 조사 결과, 구직자의 58%가 "공식 채용 공고가 아니라 개인적 연결을 통해 일자리를 얻었다"고 답했다. 공식 채용 시장보다 비공식적 연결이 더 큰 힘을 발휘하고 있다는 뜻이다. 이 현상은 사실 새로운 일이 아니다. 조선 후기 상업이 급성장하던 시절, 상인들의 가장 중요한 자산은 돈이 아니라 신용이었다. 객주와 보부상들은 평판과 신뢰를 통해 거래를 이어 갔고, 그 네트워크가 곧 생존의 조건이었다. 한 번 실패한 사람에게도 신뢰가 남아 있으면 다시 기회가 주어졌다. 현대의 관계자본주의 역시 같은 원리로 움직인다.

2023년 한국 IT 업계의 대규모 구조조정 당시, 일부 개발자들은 빠르게 다른 스타트업으로 옮겨 갔다. 그들의 무기는 기술이 아니라 **이미 형성해 둔 네트워크**였다. 오픈소스 커뮤니티, 디스코드 포럼, 링크드인 그룹 등에서 쌓아 온 신뢰가 그들을 구했다. 반면 내부 경력에만 의존하던 사람들은 몇 달, 혹은 1년 이상 재취업의 기회를 얻지 못했다. **능력의 차이가 아니라, 연결의 유무가 생존을 갈랐다.** 경제학자들이 "네트워크 프리미엄(Network Premium)"이라 부르는 개념이 바로 이런 차이를 설명한다. 동일한 실력이라도 네트워크의 크기와 질에 따라 시장 가치가 달라진다. 2024년 LinkedIn 글로벌 보고서는 "플랫폼 내 네트워크가 넓은 사용자는 좁은 사용자보다 구직 성공률이 평균 2.5배 높다"고 밝혔다. 네트워크는 단지 연결이 아니라 **성장의 통로**다. 채용을 넘어, 새로운 프로젝트, 협업, 창업의 기회가 이 경로를 통해 흘러간다.

유튜브나 인스타그램에서 활동하는 수많은 창작자들은 거대한 자본으로 시작하지 않았다. 대부분은 작은 커뮤니티에서 협업과 교류를 반복하며 관계망을 확장했다. 이 네트워크가 시간이 지나면서 브랜드가 되었고, 콘텐츠보다 '사람과의 연결'이 수익의 원천이 되었다. 결국 **네트워크가 곧 플랫폼**이 된 것이다. 2020년 팬데믹 시기, 이 원리는 더욱 뚜렷하게 드러났다.

한국의 자영업자 중 일부는 온라인 네트워크를 통해 살아남았다. 정보 공유, 공동구매, 협업 마케팅 등 관계 기반의 활동이 매출을 유지하게 했다. 반면 네트워크 없이 홀로 버티던 이들은 훨씬 빠르게 몰락했다. 위기 속에서 관계망은 하나의 안전망이자 회복탄력성(Resilience)이 되었다.

물론 관계자본주의를 단순히 '인맥 쌓기'로 오해해서는 안 된다. 여기서 말하는 네트워크는 만남의 **양이 아니라 질**이다.

과거의 형식적 회식, 인사성 네트워크가 아니라, **신뢰와 상호 협력의 네트워크**가 새로운 자산이 된다. 한 연구 조사 결과에 의하면, 신뢰 기반의 네트워크를 가진 사람은 단순 인맥 중심의 사람보다 경력 전환 성공률이 1.8배 높다고 한다. 결국 관계자본은 숫자가 아니라 **관계의 깊이**에서 결정된다.

그렇다면 우리는 이 새로운 자본주의의 흐름 속에서 어떻게 살아남아야 할까? 관계자본주의는 더 이상 선택의 문제가 아니다. 그것은 생존의 조건이다. 관계는 더 이상 우연히 생겨나는 것이 아니라 **설계되어**

야 하는 자산이다. 단순히 사람을 많이 아는 것이 중요한 게 아니라, 서로의 가치를 교환하고 성장의 가능성을 만들어 내는 관계를 구축해야 한다. 진정한 네트워크는 숫자가 아니라 **교감과 협력의 밀도**에서 비롯된다. 누군가의 시간을 빼앗는 관계가 아니라, 서로의 시간을 확장시키는 관계가 되어야 한다.

이제 관계의 장은 오프라인에만 머물지 않는다. 디지털 공간 역시 커리어의 무대가 되었다. 2024년 조사에 따르면, 한국 직장인의 65%가 "온라인 네트워크 활동이 경력에 긍정적 영향을 미쳤다"고 답했다. 링크드인, 인스타그램, 브런치, 블로그 같은 공간은 더 이상 취미의 영역이 아니다. 이곳은 자신이 누구인지 보여주는 **보이지 않는 이력서**, 그리고 새로운 관계를 여는 창이다. 관계자본은 물리적 만남에서만 자라지 않는다. 오히려 디지털의 연결 속에서 더 넓고 유연하게 확장된다.

무엇보다 관계는 단기적 목적을 위한 수단이 되어서는 안 된다. 순간의 이익을 위해 쌓은 관계는 금세 사라지지만, 신뢰를 기반으로 세운 관계는 위기 때마다 새로운 길을 만들어 준다.

시간이 쌓일수록 관계의 깊이는 자산이 되고, 그 자산은 위기를 버티는 힘이 된다. 결국 관계자본주의 시대의 생존은 얼마나 많은 사람을 만났는가가 아니라, 얼마나 **깊은 신뢰를 구축했는가**에 달려 있다. 관계는 단기 거래가 아니라 장기 투자이며, 그것을 진심으로 관리하는 사람만이 불확실한 시대에도 흔들리지 않는 토대를 갖게 된다.

AI와 자동화가 일자리를 대체하는 시대, 관계자본은 인간이 가진 마지막 자산일지도 모른다. 기계는 신뢰를 쌓지 못하고, 알고리즘은 관계를 관리하지 못한다. AI가 아무리 발달해도, 사람과 사람을 잇는 '감정의 연결'은 복제할 수 없다.

커리어의 해체는 결국 **고립의 위기**를 의미한다. 그러나 네트워크를 자본으로 인식하는 순간, 그 위기는 새로운 기회로 바뀔 수 있다. 사다리가 사라진 자리에는 보이지 않는 다리가 남는다. 그 다리를 얼마나 정직하게, 얼마나 신뢰를 기반으로 쌓아 가느냐가 앞으로의 생존을 결정할 것이다.

디지털 정체성
- 'Me 브랜드'

"브랜드는 더 이상 기업의 로고가 아니다.
브랜드는 당신이 세상과 맺는 모든 접점이다."

— 세스 고딘

직업의 울타리가 무너진 시대, 가장 강력한 자산은 나 자신이다. 그러나 이 '나'는 더 이상 오프라인 공간에만 존재하지 않는다. 사람들은 나를 직접 만나기 전에 검색을 하고, 내 이름을 SNS에서 확인하며, 내가 남긴 흔적을 통해 정체성을 판단한다. 현실에서의 내가 아닌, 디지털 공간 속의 내가 곧 나의 브랜드가 되는 시대가 도래한 것이다. 'Me 브랜드'란 바로 이 디지털 정체성을 전략적으로 설계하고 관리하는 과정을 의미한다.

디지털 정체성은 단순한 온라인 프로필이 아니다. 그것은 신뢰와 기회의 관문이다. 2023년 이후 채용 시장의 변화를 보면, 이 점이 더욱 분명해진다. 한국의 한 채용 플랫폼 조사에 따르면, 기업 인사 담당자의 70% 이상이 지원자의 온라인 활동을 참고한다고 답했다. 링크드인이나 블로그, 포트폴리오 사이트, 심지어 유튜브 채널까지도 평가의 기준이 된다. 더 이상 이력서 한 장으로는 자신을 설명할 수 없다. 디지털 정체성 자체가 곧 새로운 이력서다.

개인의 브랜드가 곧 경제적 자산이 된다는 사실은 '크리에이터 이코노미'의 성장을 보면 알 수 있다. 2024년 유튜브, 틱톡, 인스타그램의 크리에이터 보상 프로그램은 전 세계 수백만 명에게 직접적인 소득을 제공했다. 하지만 단순히 구독자 수나 조회수만의 문제가 아니다. 자신만의 브랜드, 곧 'Me 브랜드'를 가진 사람만이 오래 살아남는다. 같은 요리 콘텐츠라도 '건강한 밀 프렙'을 전문으로 하는 사람과, '저예산 요리'를 내세우는 사람은 완전히 다른 브랜드를 가진다. 결국 차별화된 디지털 정체성이 시장에서의 생존을 결정짓는다.

'Me 브랜드'의 핵심은 선택과 집중이다. 내가 어떤 주제를 대표할 것인지, 어떤 톤과 메시지를 지속적으로 발신할 것인지 명확히 해야 한다. 2023년 이후 빠르게 성장한 뉴스레터 시장이 좋은 예다. 수많은 글 중에서도 '한 주의 경제를 5분 만에 읽는 뉴스레터'나 '퇴근길 심리학'처럼 특정 주제와 포맷을 꾸준히 제공하는 뉴스레터만이 구독자와 신뢰를 쌓는다. 개인이 곧 미디어가 되는 시대, 나만의 주제는 곧 나만의 정체성이 된다.

브랜드를 구축하려면 우선 주제를 명확히 해야 한다. 꾸준히 발신할 수 있는 관심사와 자신이 잘할 수 있는 전문 영역을 좁히는 것이 출발점이다. 단순히 '마케팅 전문가'라고 하기보다는 '스타트업을 위한 저비용 마케팅 전략'처럼 구체적으로 정의할 때 훨씬 선명해진다. 이어서 중요한 것은 자신에게 맞는 채널을 선택하는 일이다. 글쓰기에 강하다면 블로그나 뉴스레터가 적합하고, 말과 영상에 강하다면 유튜브나 틱톡이 더 효과적이다. 마지막으로 필요한 것은 기록과 발신의 습관이다. 매일 혹은 매주 일정한 패턴을 따라 콘텐츠를 내보내면 일관성이 쌓이고, 그 일관성이 신뢰로 이어진다.

많은 사람들이 처음부터 막막함을 느끼지만, 지금의 수많은 인기 유튜버들 역시 처음에는 구독자 한 명으로 출발했다. 계정과 채널을 만드는 방법, 썸네일을 잘 만드는 요령은 이미 온라인 곳곳에 열려 있다. 결국 중요한 것은 겁내지 않고 시작하는 태도다. 방법은 언제나 찾아볼 수 있지만, 브랜드는 시작과 지속에서만 만들어진다.

2024년 한국의 한 직장인은 퇴근 후 매일 짧은 AI 툴 활용 팁을 인스타그램에 올렸다. 처음에는 반응이 미미했지만, 6개월 만에 팔로워 2만 명이 늘었고, 이후 강연과 협업 요청이 이어졌다. 그의 브랜드는 '실무에서 바로 쓰는 AI 팁'이라는 명확한 주제에서 출발했으며, 꾸준한 기록이 신뢰를 쌓았다. 또 다른 사례로, 미국의 한 변호사는 매일 짧은 영상을 통해 "알기 쉬운 법률 상식 1분 요약"을 올렸다. 처음에는 지역 사회에서만 알려졌지만, 점차 팔로워가 늘어나며 언론 인터뷰와 강연으로 이어졌다. 그는 본업을 유지하면서도 강력한 'Me 브랜드'를 만들어 냈다. 지금 이런 예는 유튜브나 인스타그램 어디에서든 늘 언제나 찾아볼 수 있다.

그러나 디지털 브랜드는 단순히 보여 주기 위한 포장이어서는 안 된
다. 진정성이 결여된 브랜드는 쉽게 무너진다. 최근 여러 인플루언서들
이 과도한 광고와 부정확한 정보 제공으로 신뢰를 잃은 사건이 이를 증
명한다. 'Me 브랜드'는 단기적 관심을 끄는 것이 아니라, 장기적으로 신
뢰를 축적하는 과정이다. 결국 브랜드의 본질은 '나는 어떤 가치와 의미
를 전달하는가'라는 질문에서 출발한다. 따라서 자신이 믿지 않는 것을
꾸며 내는 순간 브랜드는 위태로워진다.

인간은 늘 자기 정체성을 외부에 표현하는 방식을 발전시켜 왔다. 고
대에는 문장(紋章)과 깃발이 집단과 개인을 대표했고, 근대에는 명함과
직함이 그 역할을 했다. 이제는 디지털 흔적이 우리의 문장과 직함을
대신한다. 더 이상 회사의 로고 뒤에 숨을 수 없다. 내 이름, 내 목소리,
내 콘텐츠가 곧 나를 정의한다.

디지털 정체성은 선택이 아니다. 이미 모든 사람이 디지털 흔적을 남
기고 있다. 차이는 그것을 무의식적으로 방치하느냐, 아니면 의식적으
로 설계하느냐. 후자의 선택을 한 사람이야말로 해체 이후의 시대에
서 살아남는다.

브랜드는 더 이상 회사의 것이 아니라 개인의 것이다. 그리고 그 브
랜드는 지금 이 순간 당신이 남기는 디지털 흔적에서 시작된다. 또한
'Me 브랜드'는 단순한 이미지 관리가 아니라, 생존 매뉴얼이다. 커리어
가 해체된 시대, 나의 이름과 나의 기록이 곧 가장 안전한 자산이다. 지

금 당장 기록하고, 지금 당장 발신하라. 그리고 지금 당장 'Me 브랜드'를 만드는 나만의 방법을 찾고 끊임없이 매달려라. 그것이 디지털 정체성의 힘이며, 해체 이후 당신을 지켜 줄 가장 든든한 방패이자 가장 강력한 기회가 될 것이다.

끝없는 학습
– AI 시대의 평생 학교

"배우기를 멈추는 순간,
당신은 죽은 것이다."

— 알베르트 아인슈타인

AI가 노동의 구조를 흔들면서, 한 가지 사실이 명확해졌다. 배움은 더 이상 선택이 아니라 생존의 필수 조건이라는 점이다. 과거에는 학교에서 정해진 기간 동안 배우고, 이후에는 직장에서 경험으로 보완하며 살아가는 것이 가능했다. 그러나 지금은 다르다. 대학 졸업장이 평생을 보장하지 못하고, 직장에서 얻은 경험도 몇 년 지나면 쓸모가 없다. AI가 몇 달마다 새로운 도구와 방식을 내놓는 시대에, 학습을 멈추는 순간 곧 도태된다.

2024년 세계경제포럼(WEF)의 보고서는 "2030년까지 현재 직업의 40% 이상이 대체되거나 재편될 것"이라고 전망했다. 동시에 보고서는 "생존하는 사람들의 80%는 최소한 한 번 이상의 리스킬링(reskilling, 새로운 기술 습득)을 경험한 사람들"이라고 지적했다. 즉, 같은 직업을 유지하더라도 전혀 다른 기술을 새롭게 익히지 않으면 버티지 못한다는 뜻이다.

우리나라의 현실은 어떨까? 고용노동부가 2024년에 발표한 조사에 따르면, 재직자의 58%가 "향후 5년 내 직무 재교육이 필요하다"고 답했으며, 35%는 "이미 현재 업무에 필요한 새로운 기술을 따라가지 못하고 있다"고 응답했다. 특히 40대 이상에서 이러한 불안감이 두드러졌다. 안정적인 직업이라 여겨지던 교사, 간호사, 회계사조차 AI와 자동화의 파도 앞에서 "평생직업"의 개념이 흔들리고 있다.

과거에도 평생학습의 필요성은 이야기되었다. 그러나 지금은 단순한 권고가 아니라, 존재와 생존의 조건이다. 예를 들어, 싱가포르 정부는 2015년부터 '스킬스퓨처(SkillsFuture)[24]'라는 프로그램을 운영하며, 모든 국민에게 주기적으로 학습 바우처를 지급했다. 덕분에 싱가포르 시민들은 주기적으로 새로운 기술을 배우며, 직업 이동에 대한 두려움을 줄이고 있다. 일본 역시 2023년부터 'Current reskilling(직무 재교육)' 정책을 강화하며, 기업이 직원을 해고하기보다 전환 교육에 투자하도록 지원하고 있다.

기업 차원에서도 평생학습은 경쟁력을 좌우한다. 글로벌 기업 IBM은 2023년 이후 모든 직원에게 연간 최소 40시간의 학습을 의무화했다.

---

24 스킬스퓨처(Skillsfuture). 싱가포르 정부가 2015년부터 시행한 국가 평생직업능력 개발 정책. 국민의 평생 학습과 직무 역량 강화를 목표로 하며, 싱가포르의 성장 동력 확보와 인재 육성을 위한 핵심 아젠다로 운영되고 있음.

단순히 규정으로 끝나는 것이 아니라, 실제 승진과 보상에 학습 결과를 반영한다. 마이크로소프트 역시 '러닝 데이'를 지정해, 모든 직원이 하루를 학습에만 전념할 수 있도록 한다. 한국의 대기업들도 뒤따르고 있다. 삼성전자는 2024년 사내 온라인 학습 플랫폼을 전면 개편해, 직원 누구나 AI·데이터·클라우드 교육을 받을 수 있도록 했다.

개인 차원에서는 더 구체적이다. 많은 사람들이 '퇴근 후 2시간'을 학습에 투자한다. 하루 2시간, 일주일이면 14시간, 1년이면 700시간이다. 이는 단기 자격증 과정이나 온라인 학위 하나를 충분히 끝낼 수 있는 시간이다. 실제로 2024년 국내 최대 온라인 교육 플랫폼인 패스트캠퍼스의 보고서에 따르면, 수강생의 40%가 "퇴근 후 2시간 이상"을 투자한다고 답했다. 특히 30대 직장인들이 가장 활발하게 참여했다. 이들이 배우는 분야는 AI 활용, 데이터 분석, 디지털 마케팅 등 앞으로의 10년에 꼭 필요한 기술이었다.

평생학습은 단순히 기술 습득을 넘어, 사고방식의 전환을 요구한다. 과거에는 "전문가가 되기까지 10년"이라는 말이 있었지만, 지금은 "6개월 안에 새로운 기술을 익히고 적용하는 능력"이 더 중요하다. 학습의 속도와 적응력이 전문성 자체보다 큰 힘을 발휘한다.

실패를 두려워하지 않는 학습 태도도 중요하다. AI 시대에는 누구도 완벽히 준비된 상태에서 시작하지 못한다. 대신 시도하고, 실험하고, 빠르게 배우며, 실패를 통해 다시 학습하는 것이 핵심이다. 미국 실리콘밸리에서 활발히 쓰이는 "Fail fast, learn faster(빨리 실패하고, 더 빨리 배워라)"라는 원칙은 이제 개인의 커리어에도 그대로 적용된다.

교육의 패러다임도 바뀌고 있다. 과거의 학위 중심 교육에서, 이제는 '마이크로 러닝(micro-learning)'이 대세다. 짧게는 10분짜리 강의, 길어야 2주 과정의 온라인 프로그램이 직무에 직접 연결된다. 이 짧은 학습이 모여 평생의 역량을 만든다. 이미 구글, 메타 같은 기업들은 학위보다 '구글 자격증(Google Certificate)'이나 '나노디그리(Nanodegree)'를 더 신뢰하는 흐름을 보이고 있다.

앞으로의 10년, 학습을 멈춘 세대와 계속 배우는 세대의 격차는 단순한 소득 차이를 넘어 생존 여부를 가를 것이다. 새로운 도구와 언어를 빠르게 습득하는 사람들은 산업과 기술 변화에 맞춰 이동할 수 있지만, 멈춘 사람들은 단기간에 도태된다. 이는 세대 간의 격차로도 이어진다. 이미 2024년 기준으로 20대의 디지털 리터러시 점수는 50대에 비해 두 배 이상 높다는 OECD 조사 결과가 있다. 학습을 통한 격차 해소가 없다면, 세대 갈등은 더 깊어질 것이다.

평생학습은 이제 개인의 선택이 아니다. 국가의 정책, 기업의 전략, 가정의 습관이 되어야 한다. 부모가 자녀와 함께 배우고, 기업이 직원과 함께 성장하며, 사회가 구성원 전체를 위한 학습 플랫폼을 마련할 때, 우리는 해체 이후의 불확실한 시대를 견딜 수 있다. 궁극적으로 평생학습이 주는 가장 큰 선물은 자신감이다. "나는 언제든 새로 배울 수 있다"는 믿음은 어떤 위기 앞에서도 두려움을 줄인다. 커리어 해체의 시대, 다시 쓰는 미래는 배움의 끈을 놓지 않는 사람들의 몫이다.

7장

다가올 10년, 어떤 미래를 준비할 것인가?

다가올 10년,
어떤 미래를 준비할 것인가?

다가올 10년은 예측의 대상이 아니라, 선택의 무대다. 기술은 상상을 넘어 빠르게 진화하고, 사회는 그 속도를 따라잡지 못한 채 균열을 드러내고 있다. 많은 사람들은 이 불확실성을 위협으로만 읽는다. 하지만 역사의 전환점마다 미래는 언제나 위기와 기회의 이중 얼굴로 다가왔다. 중요한 것은 불확실성을 피하려는 태도가 아니라, 그 속에서 어떤 가능성을 만들어 낼 것인가이다.

과거의 길은 직업이 중심이었다. 사람들은 "무슨 일을 하느냐"로 자신을 설명했고, 직업이 곧 삶의 좌표였다. 그러나 기술의 가속화가 보여 준 것은 단순하다. 직업은 언제든 사라질 수 있다. 이 사실을 직시하는 순간, 우리는 다른 질문을 던질 수밖에 없다. "나는 어떤 직업을 갖고 있는가?"가 아니라 "나는 어떤 일을 위해 존재하는가?"라는 질문. 다가올 10년을 준비하는 가장 근본적인 변화는 바로 여기서 시작된다. **사라지는 직업 대신 지속되는 미션**을 붙잡는 일이다.

AI가 보여 주는 압도적인 효율성은 분명 위협이다. 그러나 동시에 그것은 인간이 자신의 본질을 다시 발견할 기회이기도 하다. 계산, 정리, 반복, 최적화 같은 영역은 이미 기계의 몫이 되어가고 있다. 그렇다면 인간은 무엇을 할 수 있는가? 기술을 두려움의 대상으로 여길 것인가, 아니면 새로운 도구로 삼아 더 멀리 뻗어 나갈 것인가? 선택은 분명하다. AI는 경쟁자가 아니라 확장된 도구다. 그 도구를 어떻게 쓸 것인가는 우리의 상상력과 태도에 달려 있다.

다가올 10년은 누구도 완벽히 설계할 수 없는 미지의 시간이다. 그렇기에 가장 강력한 전략은 **거대한 계획이 아니라 작은 실험**이다. 한 번의 실험이 실패해도 빠르게 되돌아올 수 있고, 짧은 주기의 피드백이 다음 도약의 발판이 된다. 혁신은 장대한 구호에서 태어나지 않는다. 작은 시도, 반복된 실패, 그 속에서 길어 올린 배움이 모여 새로운 가능성을 만든다.

10년 뒤를 결정하는 것은 지금 당장 시작할 수 있는 작은 실험들이며, 이 실험을 지속 가능하게 만드는 힘은 새로운 감각이다. 기술이 효율을 책임진다면, 인간은 의미를 발견해야 한다. 패턴을 읽어 내는 눈, 서로 다른 사실을 서사로 엮는 힘, 그리고 놀이처럼 경계를 넘어 실험하는 태도. 이 감각은 학위나 직급에서 오는 것이 아니라, 삶을 대하는 방식에서 비롯된다. 패턴·서사·놀이. 이 세 가지는 다가올 10년을 열어 갈 인간의 가장 강력한 무기가 될 것이다.

하지만 미래는 추상적인 전망으로만 다가오지 않는다. 우리는 종종 멀리만 보려다가, 가까이서 실천할 수 있는 길을 놓친다. 미래는 거대한 청사진이 아니라, 오늘의 선택 위에 서 있다. **멀리 보되, 가깝게 그리는 것.** 10년 뒤를 꿈꾸되, 오늘 할 수 있는 한 걸음을 그려 내는 것. 이 균형을 잡는 사람만이 불확실한 시간 속에서 흔들리지 않는다.

다가올 10년은 분명 낯설고 불안정하다. 그러나 그 시간은 동시에 가장 많은 가능성이 숨어 있는 시기다. 직업은 무너져도 미션은 남는다. 기술은 위협 같지만, 도구로 삼을 수 있다. 작은 실험은 실패 같지만, 곧 길이 된다. 새로운 감각은 두려움을 호기심으로 바꾸고, 멀리 보는 통찰은 가까운 실행과 함께할 때 힘을 발휘한다.

커리어 해체의 시대는 우리를 뒤흔들었지만, 그것이 끝은 아니다. 오히려 이제 시작이다. 다가올 10년을 준비한다는 것은 미래를 예측하는 것이 아니라, 미래를 창조하는 일이다. 예측은 불가능하지만, 선택은 가능하다. 그 선택의 연속이 모여, 10년 뒤 우리는 전혀 다른 풍경 속에 서 있을 것이다.

다가올 10년, 진짜 문제는 미래가 무엇을 가져오느냐가 아니다. **우리가 무엇을 준비하고 어떤 길을 만들어 가느냐다.**

직업의 종말, 미션의 시대

직업은 오랫동안 인간을 규정해 온 가장 확고한 기호였다. 이름보다 직업이 먼저 불렸고, 한 개인은 직업을 통해 사회 속에서 자리 잡았다. 그러나 이제 그 기호는 점점 빛을 잃고 있다. 산업사회의 산물이었던 직업은 해체되고 있으며, 그 빈자리를 채우는 것은 새로운 정체성의 언어, 바로 **미션**이다. 직업이 사회와 국가가 부여한 외부적 의미였다면, 미션은 개인이 내면에서 스스로에게 부여하는 의미다. 이 차이는 단순한 용어의 전환이 아니라, 앞으로 인간이 살아가는 방식 전체를 바꾸어 놓을 거대한 방향 전환이다.

직업이 아닌 미션으로 살아간다는 것

직업은 본질적으로 교환의 산물이다. 노동력을 제공하고 임금을 받는다. 반면 미션은 교환을 넘어선다. 내가 살아가는 이유, 세상에 던지고 싶은 메시지, 나를 움직이게 하는 내적 불꽃이다. 직업이 기능이라면, 미션은 존재의 목적이다. 다가올 시대에 중요한 것은 기능을 얼마나 잘 수행하는가가 아니라, 어떤 목적을 품고 움직이는가다. 기술은 기능을 대신하지만, 목적은 인간만이 만들 수 있다. 인간은 의미를 창조하는 존재이고, 그 의미가 곧 미션으로 드러난다. 따라서 미션은 기술이 대체할 수 없는 마지막 영역이자, 불확실성 속에서 인간이 붙잡을 수 있는 유일한 닻이다.

인류의 역사를 돌이켜 보면, 직업 중심의 사회는 오히려 짧은 순간에 불과했다. 고대 공동체에서 사람들은 직업이라는 단일한 정체성보다 다중적 역할을 지녔다. 한 사람이 농사도 짓고 전사도 되었으며, 공동체의 제의에 참여하고 때로는 장인으로도 살았다. 직업은 단단한 울타리가 아니라 유동적인 역할의 조합이었다. 산업혁명이 만들어 낸 공장과 회사가 비로소 직업을 평생의 정체성으로 고정시켰다. 그러나 그것은 인간 역사에서 불과 200여 년 남짓한 짧은 시기였다. 이제 그 울타리는 다시 해체되고 있다. 그렇다면 우리는 오히려 본래의 자리, 즉 미션 중심의 삶으로 되돌아가고 있는 셈이다.

기술과 불확실성, 그리고 인간의 선택

AI와 자동화는 직업의 껍데기를 무너뜨린다. 그러나 그 해체는 인간에게 새로운 질문을 던진다. "나는 왜 이 일을 하는가?" "나는 무엇을 위해 존재하는가?"라는 물음이다.

이 질문은 불안과 동시에 자유를 준다. 더 이상 조직이 정해 주는 직업이라는 울타리에 갇히지 않고, 스스로의 미션을 기준으로 삶을 설계해야 하는 이유다. 자유는 언제나 불안을 동반한다. 직업이라는 안정의 울타리가 무너진 시대에 불안은 커질 수밖에 없다. 그러나 그 불안은 동시에 창조의 기회다. 미래는 불확실하지만, 불확실하기 때문에 더 많은 길이 열려 있다. 미션을 기준으로 자신만의 길을 만든 사람은 불안 속에서도 방향을 잃지 않는다.

직업은 외부 환경이 무너지면 쉽게 사라진다. 산업 구조가 변하면 직업도 변한다. 그러나 미션은 외부가 아닌 내면에서 출발한다. 그렇기에 외부가 요동칠수록, 미션은 더욱 견고한 힘을 발휘한다. 예를 들어 '지식을 전하는 것'을 미션으로 삼은 사람은 교단에서, 유튜브에서, 책을 통해, 혹은 디지털 플랫폼 어디에서든 자신의 미션을 이어 갈 수 있다. 플랫폼과 도구는 변하지만 미션은 변하지 않는다. 미션이야말로 흔들리는 시대에 가장 확실한 자기 정체성의 기반이다.

불안한 시대를 살아가는 새로운 조건

이 변화는 개인에게만 해당되지 않는다. 기업 역시 직업이라는 틀을 넘어 미션을 중심에 두지 않으면 생존하기 어렵다. 과거에는 직원들에게 월급이라는 교환의 논리만으로도 몰입을 끌어낼 수 있었다. 그러나 이제 사람들은 단순히 직업적 역할이 아니라, 자신이 공감할 수 있는 미션을 가진 조직에 머문다.

이제 기업의 생존 조건은 "무엇을 파는가?"가 아니라 "왜 존재하는가?"로 옮겨 가고 있다. 미션이 분명한 기업은 불확실성 속에서도 사람들을 모으고, 흔들리지 않는 동력을 얻는다. 다가올 10년, 인간에게 요구되는 새로운 생존 조건은 미션 중심의 사고다. 이는 단순히 직업을 대체하는 개념이 아니라, 인간이 삶을 정의하는 방식 자체의 전환이다. 직업은 사라질 수 있어도 미션은 사라지지 않는다. 직업은 기능으로 대체될 수 있지만, 미션은 의미이기에 대체될 수 없다. 독일 철학자 프리드리히 니체의 말처럼 "왜 살아야 하는지를 아는 사람은 어떤 상황도 견딜 수 있다." 바로 그 "왜"가 미션이다. 기술과 자본이 모든 것을 흔들어도, 내가 살아가는 이유를 아는 사람은 방향을 잃지 않는다.

그렇다면 미션의 시대를 준비한다는 것은 무엇일까? 그것은 더 이상 직업의 이름으로 자신을 소개하지 않고, 내가 추구하는 가치와 목적을 삶의 언어로 삼는 것이다.

"나는 교사다"가 아니라 "나는 학생들에게 교육을 통해 지식과 삶의 태도를 가르치는 일을 한다"와 같은 식이다. 이러한 전환은 단순한 수사적 표현이 아니라, 지금 당장 닥친 불확실성의 시대를 살아가는 전략적 선택이다. 직업의 시대가 저물어 가는 지금, 미션은 인간이 붙잡아야 할 가장 본질적인 생존 조건이다. 다가올 10년은 직업의 시대가 저물고 미션의 시대가 열리는 전환점이다. 직업은 기능의 이름이었지만, 미션은 존재의 이유다. 직업은 언제든 사라질 수 있지만, 미션은 인간이 스스로 부여한 것이기에 쉽게 무너지지 않는다.

이제 스스로에게도 "나는 어떤 직업을 가지고 있는가?"가 아니라, "나는 어떤 미션을 따라가고 있는가?"라고 질문해야 한다. 이 질문이야말로 다가올 불확실성의 시대에 인간이 붙잡아야 할 가장 근원적인 나침반이 될 수 있기 때문이다.

안정은 없다, 스스로 창업하라

사람은 누구나 마음속에 '버팀목'을 원한다. 월급이든, 조직이든, 이름이든, 많은 사람이 여전히 안정된 무언가를 찾아 헤맨다. 하지만 이제 안정이란 외부의 형태로 존재하지 않는다. 회사가 보장하던 미래는 사라졌고, 브랜드가 약속하던 신뢰도 더는 절대적이지 않다. 우리가 의지해 온 구조가 무너진 것이 아니라, 구조라는 개념 자체가 흐려지고 있다. "그 버팀목이 정말 당신의 것인가?"를 진지하게 고민해 보아야 할 이유가 여기에 있다.

지금의 변화는 단순히 일자리의 문제가 아니다. 그것은 '존재 방식'의 전환이다. 더 이상 누군가가 우리를 고용해 주길 기다리는 삶은 지속될 수 없다. 우리는 모두 자기 자신을 고용해야 하는 시대에 들어섰다. 그런 관점에서 창업은 '자기 자신을 하나의 프로젝트로 운영하는 삶의 방식'으로서 어쩌면 생존을 위한 필수적인 과정이 될 수 있다.

창업은 회사를 세우는 일만을 뜻하지 않는다. 오히려 자기 생존을 스스로 설계하는 하나의 방식이다. 누군가가 정해 준 경로를 따르지 않고, 자신만의 문제를 스스로 규정하고, 해결책을 스스로 만들어 내는 것. 그것이 진짜 창업이다. 어떤 이는 회사를 만들고, 어떤 이는 브랜드를 만들며, 또 다른 이는 콘텐츠를 만든다. 형태는 다르지만 본질은 같다. 타인이 제공해 주던 '안정'을 거부하고, 자신이 만들어내는 불확실성을 선택하는 일이다. 아이러니하게도 그 불확실성 안에만 진짜 안정이 존재한다.

세상은 빠르게 바뀌지만, 본질은 오히려 단순해지고 있다.

AI는 더 빠르고 정확하지만, '왜'라는 질문에는 답하지 못한다. 인간이 해야 할 일은 명확하다. 문제를 정의하고, 그 정의를 실행할 구조를 만드는 것. 그것이 창업가의 사고이며, 동시에 모든 인간이 갖춰야 할 새로운 생존 조건이다.

한국의 젊은 창업가 **이세영**은 그런 변화를 상징적으로 보여 주는 인물이다. 그는 연세대 문헌정보학과 재학 중이던 2021년, 인공지능 글쓰기 플랫폼 '뤼튼(Wrtn)'을 창업했다. 처음엔 단순히 글쓰기를 도와주는 툴로 출발했지만, 그는 그 서비스를 '생활 속의 인공지능 도구'로 확장시켰다. 무료화를 선언했고, 사용자는 폭발적으로 늘어났다. 지금은 AI가 사람의 언어를 읽고, 감정을 이해하고, 창작을 돕는 '생활형 에이전트'로 진화하고 있다.

이세영 대표가 흥미로운 이유는 그가 기술 창업가이기 때문이 아니다. 그는 '기존의 틀 안에서 안정적인 경로'를 버리고, 스스로 문제를 새로 정의한 사람이다. "사람들이 AI를 어려워하지 않고, 생활 속에서 자연스럽게 쓰게 하자." 이 목표는 단순히 기술이 아니라 '경험의 문제'를 정의한 것이었다. 그래서 그의 창업은 기술적 혁신 이전에 인간에 대한 관찰에서 시작되었다. 그는 기존의 '글쓰기'라는 행위를 다시 해석했고, 사람과 인공지능이 공존하는 방식을 하나의 서비스로 설계했다.

이세영 대표의 사례는 단지 성공한 스타트업의 이야기가 아니다. 그것은 '스스로 문제를 설계한 개인의 이야기'다. 그는 안정적인 진로를 택하지 않았지만, 대신 자신이 만든 불확실성 속에서 새로운 안정성을 구축했다. 대부분은 "AI 시장에 나도 진입해 볼까"라고 생각하지만, 그는 "사람이 AI를 어떻게 편하게 쓸 수 있을까"를 고민했다. 문제를 남의 프레임 안에서 해석하지 않고, 스스로 프레임을 만든 것이다. 그것이 바로 스스로 창업하는 사람의 사고방식이다.

창업은 자본이 아니라 **관점의 독립**에서 시작된다. 누군가는 회사를 떠나야만 창업이라 말하지만, 진짜 창업은 지금 내가 속한 시스템 속에서도 가능하다. 회사 안에서도 나만의 프로젝트를 기획할 수 있고, 콘텐츠를 발신할 수 있고, 새로운 협업의 방식을 실험할 수 있다. 나의 노하우를 상품화하고, 나의 콘텐츠를 서비스화하며, 나의 경험을 시스템으로 바꾸는 일. 그것이 바로 현대의 창업이다. 중요한 것은 누가 시켜서 하는 일이냐가 아니라, '왜 내가 이 일을 하고 있는가'를 스스로 결정할 수 있는가이다.

스스로 창업하라는 말은 '지금 회사를 그만두라'는 뜻이 아니다. 오히려 '스스로를 독립적인 주체로 세워라'는 말이다. 회사 안에서도, 프리랜서로서도, 혹은 전혀 다른 분야에서도, 자신만의 구조를 설계할 수 있다면 이미 그것은 하나의 창업이다. 중요한 것은 '내 일이 나 없이도 작동하는 구조'를 만드는 것이다. 그것이 바로 자율성이고, 그것이 진짜 안정이다.

사람들은 여전히 안정적인 길을 찾는다. 그러나 그것은 존재하지 않는다. 안정은 외부가 주는 것이 아니라, 스스로 만들어 내는 것이다. 누군가의 울타리 안에 있는 동안에는 진짜 자유가 없다. 조직은 언제든 구조조정을 선언할 수 있고, 기술은 당신의 능력을 순식간에 대체할 수 있다. 그러니 남이 만든 구조를 두려워하지 말고, 스스로의 구조를 만들어야 한다. 작은 프로젝트라도, 작은 실험이라도, 그것이 진정한 독립 선언이다.

앞으로의 10년은 우리 모두에게 '두 번째 생애 설계'의 시기가 될 것이다. 그 어떤 조직도 누구의 브랜드도, 당신을 지켜 주지 않는다. 그러나 스스로 만들어 낸 브랜드, 내가 직접 개발한 서비스, 나만의 컨텐츠와 가치는 당신을 대체하지 않는다. 기술은 더 빠르게 발전하고, 시장은 더 불안정해지며, 일의 경계는 완전히 사라질 것이다. 그러나 그 속에서도 흔들리지 않는 사람은 스스로 무대를 만든 사람들이다.

이제 남이 만든 세계에서 어떻게 살아남을지를 고민하지 말고, 당신이 만들 세계를 그리기 시작하라. 하루 아침에도 AI가 일하는 방식과 시스템을 바꾸어 버리는 변화와 속도의 시대에, 인간이 해야 할 단 하나의 일은 '스스로 창업하는 인간'으로 진화하는 것이다. 그 길만이, 불안정의 시대를 통과하는 유일한 안정이 될 수 있을 것이다.

정답이 아닌 본질을 물어야 한다

"길을 잃었을 때는
처음으로 돌아가라."

— 노자

AI가 문제를 해결하는 속도는 이미 인간을 압도하고 있다.

수천 개의 변수를 몇 초 만에 계산하고, 최적의 솔루션을 제시한다. 문제 해결의 속도와 정확성에서 인간은 이미 경쟁 상대가 아니다. 그러나 아이러니하게도, AI가 문제를 해결할수록 우리는 점점 '무엇이 문제인가'를 모르게 된다. 정답은 많아졌는데, 방향은 오히려 흐려진 것이다. 이것이 지금 우리가 마주한 역설이다.

산업사회에서 '문제 해결 능력'은 인간의 핵심 역량이었다.

학교는 정답을 찾는 법을 가르쳤고, 기업은 효율적으로 답을 내는 사람을 우대했다. 공장에서, 사무실에서, 회의실에서 사람들은 주어진 과제를 빠르고 정확하게 처리함으로써 성과를 인정받았다. 문제의 구조는 이미 주어져 있었고, 그 안에는 언제나 정답이라는 목표지점이 존재했다. 이것이 20세기형 사고의 근본 구조였다.

하지만 이제 그 시대의 사고방식은 한계에 부딪혔다. AI는 문제 해결의 영역에서 인간을 완전히 능가한다. 분석의 정확성, 계산의 속도, 최적화의 능력 - 그 어떤 것도 인간이 따라잡을 수 없다. AI는 "어떻게 해결할까?"라는 질문에는 완벽하게 답하지만, "무엇을 해결해야 하는가?"라는 질문 앞에서는 아무 말도 하지 못한다. 해결은 계산의 문제지만, 정의는 해석의 문제이기 때문이다. **이 차이가 인간과 기계의 경계를 가른다.**

실제 컨설팅 현장에서 벌이지고 있는 상황을 한번 살펴보자.

고객사의 매출이 급감하자, 회사는 급히 그 원인과 해결책이 필요했고, 컨설팅 데이터 분석팀은 고객 이탈률과 전환율, 검색 트래픽을 정밀하게 추적했다. 최근 컨설팅 업계 역시 AI 분석 모델을 적극적으로 활용하고 있으며, 'Data 기반 Solution'은 사실 금세 정답을 내놓게 된다.

"신규 고객 확보율이 낮고, 재구매율이 떨어진다. 따라서 프로모션을 강화해야 한다." 결과적으로는 나름 새로운 해결책으로 평가할 수 있지만, 한 컨설턴트가 다른 질문을 던졌다.

"혹시 고객이 제품을 신뢰하지 않게 된 건, 또 다른 이유가 있지 않을까요? 예를 들어 브랜드의 커뮤니케이션이 너무 기계적이었다든가, 신규 제품에 고객의 니즈가 반영이 되지 않은 것도 함께 고려해 보아야 할 것 같습니다."

이후, Data Base의 결과물이 아니라, 실제로 매장 판매 현장에서의 움직임과 구성원 인터뷰, 고객 설문 조사 등 다소 복잡하지만 다양한 시도를 직접 해 보았고, 그 결과는 놀라웠다. 결론적으로 고객들은 가격이나 품질 때문이 아니라, 제품의 감정적 거리감 때문에 브랜드를 떠나고 있었다. 문제는 '마케팅 전략'이 아니라 **인간적 경험의 결핍**'이었던 것이다.

AI는 데이터로 문제의 해결책을 찾아냈지만, 문제 정의가 틀렸기 때문에 방향 전체가 잘못된 것이다. 문제를 다시 정의하는 순간, 해결의 패러다임이 완전히 바뀐다는 것이다. AI가 아무리 정교하더라도, '무엇이 본질인가'를 꿰뚫는 통찰은 인간만이 가질 수 있다. 이제 세상은 '정답을 찾는 사람'보다 '근본적인 원인과 본질'에 집중하는 역량을 필요로 한다. AI가 모든 정답을 대신 찾아주는 시대에, 가치의 중심은 좋은 질문을 던지고 핵심을 파악하는 능력으로 이동한다. AI가 수천 가지 답을 제시하더라도, 그 답을 **어디에 적용할지 결정하는 것은 결국 인간이기 때문**이다.

우리는 지금 '정답이 없는 사회'에 살고 있다. 어제의 해법은 오늘의 장애물이 되고, 당장의 성공은 내일의 함정이 될 수 있다. 이제 중요한 것은 '무엇이 맞는가'가 아니라 '무엇이 본질인가'를 묻는 일이다. 본질은 변하지 않기 때문이다. 본질로 돌아간다는 것은 단순히 과거로 회귀하는 것이 아니다. 그것은 본래의 목적을 되묻는 일이다. '일이 왜 존재하는가, 조직이 왜 필요한가, 나의 일은 무엇을 위한 것인가' 그 근원을 묻지 않는 한, 아무리 많은 정답을 찾아도 우리는 방향을 잃는다.

기술이 진보할수록 인간은 더 자주 근원을 잊는다.

그래서 지금 필요한 것은 복잡함 속에서 단순함을 회복하는 용기, 속도 속에서 방향을 되묻는 통찰, 정답의 홍수 속에서 본질로 돌아가는 지성이다.

이 시대의 경쟁력은 지식이 아니라 시각이다. AI가 모든 지식을 빠르게 흡수하는 시대에, 인간이 가질 수 있는 마지막 차별성은 **'본질을 꿰뚫는 눈'**이다. 그 눈으로 세상을 다시 보면, 문제의 구조가 달라진다. 정답은 사라질 수 있지만, 본질은 사라지지 않는다. 그리고 그 본질로부터 다시 시작할 때, 우리는 기술 속에서도 인간으로 남을 수 있다. 그것이 사유하는 인간의 길이며, AI 시대의 진정한 경쟁력이다.

미래 생존의 필수 조건
- 기술과의 공존

"우리는 도구를 만들고,

그 도구는 다시 우리를 만든다."

— 마셜 맥루한

기술은 언제나 인간의 삶을 흔들어 왔다. 바퀴가 발명되었을 때 인간은 이동의 방식을 바꾸었고, 인쇄술은 지식의 경계를 허물었다. 전기는 낮과 밤의 구분을 재편했고, 인터넷은 공간의 개념을 무너뜨렸다. 그 모든 순간마다 인간은 두려움과 기대 사이에서 갈등했지만, 결국 기술은 단순한 위협이 아니라 인간의 가능성을 확장하는 도구가 되었다. 오늘 우리가 마주한 인공지능 역시 그 연속선 위에 있다. 문제는 언제나 같다. 기술을 적으로 볼 것인가, 아니면 동반자로 받아들일 것인가?

공존의 태도

기술은 본래 인간의 그림자다. 인간의 필요가 먼저 생기고, 그것을 충족하기 위한 수단이 기술로 태어난다. 바퀴는 이동의 고통을 덜어 내기 위해, 농기구는 식량 부족을 해소하기 위해 만들어졌다. 인공지능 역시 다르지 않다. 방대한 데이터를 인간이 감당할 수 없게 되었을 때, 패턴과 연산을 기계가 대신하도록 만든 것이 AI의 시작이다. 그러므로 기술은 인간을 대신하려는 의도가 아니라, 인간을 돕기 위한 그림자로 출발한다. 다만 그림자가 때로는 원래의 형체를 압도하는 것처럼 보일 때, 우리는 두려움에 휩싸인다. 그러나 본질은 변하지 않는다. 기술은 인간의 필요를 따라 태어나고, 그 궤도 안에서만 의미를 가진다.

AI 시대에 중요한 것은 기술을 얼마나 빠르게 받아들이느냐보다, 그 것을 어떤 태도로 받아들이느냐이다. 두려움에 사로잡힌 태도는 기술 을 멀리 밀어내지만, 열린 태도는 기술을 자기 손에 쥐어 새로운 가능 성으로 변환시킨다. 철학자 마르틴 하이데거[25]는 기술을 "인간이 세계 를 드러내는 방식"이라고 말했다. 기술은 단순한 기계적 장치가 아니 라, 인간이 세계를 이해하고 재구성하는 통로라는 뜻이다. 따라서 기술 과의 공존이란 단순히 새로운 도구를 쓰는 능숙함을 넘어, 세계를 바라 보는 방식을 바꾸는 일이다.

따라서 기술을 경쟁자로 보는 순간 인간은 패배한다. 왜냐하면 기술 은 속도와 효율에서 인간을 압도하기 때문이다. 계산, 기억, 반복, 예측 ― 이 모든 영역에서 인간은 기계를 따라잡을 수 없다. 그러나 기술을 도구로 바라보는 순간 상황은 달라진다. 도구는 인간이 스스로 다룰 수

---

25 마르틴 하이데거(Martin Heidegger, 1889 - 1976). 독일의 철학자. 현상학, 해석학, 실존주의
    에 관해 20세기 가장 중요한 철학자 1명으로 꼽힘.

있을 때 의미가 생긴다. 망치는 못을 박을 때 빛을 발하고, 붓은 화가의 손에 쥐어질 때 예술이 된다. AI 역시 마찬가지다. 그것은 독립된 주체가 아니라, 인간의 손에 쥐어진 도구일 때 비로소 가치가 발현된다.

노동의 의미가 바뀌고 있다

기술은 노동을 없애지 않는다. 다만 노동의 의미를 바꾼다. 과거 농업 혁명이 인간의 생존을 위한 노동을 줄이고 새로운 문명의 가능성을 열었듯, AI는 단순 반복을 벗겨 내고 인간의 고유한 창의와 상상을 앞세우도록 요구한다. "어떤 일이 사라진다"는 표현은 기술을 경쟁자로 보았을 때의 언어다. 그러나 "어떤 일이 바뀐다"는 표현은 기술을 도구로 받아들였을 때의 언어다. 공존의 시대는 후자의 언어로 자신을 새롭게 정의하는 시대다.

새로운 기술과 공존한다는 것은 불편함을 감수한다는 의미이기도 하다. 낯선 도구는 처음에는 어색하고, 때로는 익숙한 방식을 무너뜨린다. 그러나 그 불편함은 성장의 전제다. 어린아이가 글을 배우기 위해 수없이 삐뚤빼뚤한 글자를 쓰듯, 기술과의 공존도 처음에는 시행착오를 동반한다. 문제는 그 불편함 앞에서 멈추느냐, 아니면 견디며 익히느냐에 달려 있다. 불편함을 회피하는 순간 기술은 두려움의 얼굴을 하고 나타나지만, 불편함을 통과하는 순간 그것은 가능성의 얼굴로 바뀐다.

기술은 인간을 확장한다

AI와 같은 첨단 기술이 진정한 의미를 갖는 순간은, 인간의 능력을 확장할 때다. 인간은 본래 불완전한 존재다. 기억은 한계가 있고, 감각은 제한적이며, 계산은 느리다. 그러나 인간은 도구를 통해 그 한계를 돌파해 왔다. 안경은 시력을 확장했고, 망원경은 우주를 확장했으며, 현미경은 세포를 확장했다. 이제 AI는 지성의 영역을 확장하고 있다. 따라서 공존이란 인간이 가진 부족함을 인정하고, 기술을 통해 그것을 확장하려는 태도다.

공존은 단순히 "기술을 어떻게 쓰는가?"라는 기술적 질문이 아니라, "나는 기술을 통해 무엇을 하려 하는가?"라는 존재론적 질문이다. 기술은 방향을 제시하지 않는다. 방향은 인간이 선택한다. AI가 시를 쓰고 음악을 작곡할 수 있지만, 그것을 인간이 어떤 목적으로 쓰는가에 따라 결과는 달라진다. 기술은 수단일 뿐, 목적은 언제나 인간의 몫이다. 따라서 공존의 핵심은 기술의 발전을 따라잡는 것이 아니라, 기술을 어떤 목적에 종속시킬지 분명히 하는 것이다.

공존의 시대에 가장 큰 적은 기술 자체가 아니라, 기술을 향한 인간의 태도다. 두려움은 인간을 움츠러들게 하고, 닫힌 태도는 기술을 배척하게 만든다. 그러나 기술을 두려워하지 않는다고 해서 무조건 환영할 필요는 없다. 중요한 것은 비판적 수용이다. 무조건적인 거부도, 무조건적인 수용도 아닌, 도구로서 기술을 끌어안는 태도. 그때 기술은 인간을 위협하지 않고, 인간을 돕는 협력자가 된다.

결국 공존의 철학은 인간의 고유성을 지키면서도 기술을 통해 확장되는 균형의 철학이다.

공존이란 기술에 인간을 내맡기는 것이 아니라, 인간이 기술을 자신의 삶과 사명에 맞게 재구성하는 과정이다. "기술은 도구다"라는 단순한 문장은, 사실상 인간이 기술과 맺을 수 있는 가장 성숙한 관계의 선언이다.

인공지능은 이미 우리 곁에 있으며, 우리는 선택해야 한다. 그것을 경쟁자로 두려워할 것인가, 아니면 도구로 다루어 새로운 가능성을 열 것인가? 기술을 두려워한 자는 사라지고, 기술을 다룬 자는 미래를 연다. "도구는 인간의 손을 연장하는 것이 아니라, 인간의 정신을 확장한다." 레오나르도 다빈치의 이 말은 지금 AI 시대에도 여전히 유효하다. 인공지능은 인간을 대체하기 위해 존재하는 것이 아니라, 인간의 정신이 더 멀리 닿을 수 있도록 돕는 도구다.

기술을 거부하지 말 것. 기술에 매몰되지도 말 것. 그것을 도구로 다루며, 인간 고유의 미션과 결합시킬 것. 이것이 바로 AI와 인간이 경쟁자가 아니라 공존의 동반자가 될 수 있는 방법이다.

작게 실험하고, 빠르게 시도하라

거대한 결정을 한 번에 내리는 시대는 끝났다. 변화가 너무 빠르기 때문이다. 한 번의 선택이 평생을 보장하던 시절에는 신중한 계획과 오랜 준비가 유효했지만, 지금은 다르다. 기술, 산업, 시장이 몇 년이 아니라 몇 달 단위로 바뀌는 시대에 가장 위험한 전략은 '아무것도 하지 않는 것'이다. 해체 이후의 커리어에서 살아남는 방법은 바로 **작게 실험하고, 빠르게 피드백을 받아 다시 시도하는 것**이다.

작은 실험의 힘

실험이라는 단어는 흔히 과학 연구실이나 스타트업과 연결되지만, 사실 우리 모두의 커리어에도 적용될 수 있다. 본업을 유지하면서도 작은 부업을 시작해 보는 것, 사이드 프로젝트로 관심 있는 분야를 탐색하는 것, 온라인에 글이나 영상을 올려 반응을 보는 것 모두가 실험이다. 중요한 건, 이 실험이 반드시 성공할 필요가 없다는 점이다. 실패해도 괜찮다. 중요한 것은 결과를 빠르게 확인하고, 그 결과를 다음 시도로 연결하는 과정이다.

실리콘밸리에서는 이를 **MVP(Minimum Viable Product, 최소 기능 제품)** 전략이라고 부른다. 완벽한 제품을 만들기보다, 가장 단순한 형태의 서비스를 빠르게 시장에 내놓고, 실제 사용자의 피드백으로 개선하는 방식이다. 이 접근법은 스타트업에만 필요한 것이 아니다. 개인의 커리어에도 똑같이 적용된다. "이 일이 나에게 맞을까?", "내가 가진 역량이 시장에서 통할까?"라는 질문에 대한 답은 책상 위에서 혼자 고민한다고 나오지 않는다. 실제로 작게 실험해 봐야 한다. 네이버 블로그 '요즘 회계사들의 백과사전'에서는 회계 세무 지식을 쉽게 풀어 전달하고 있다. 예를 들면 여의도 현직 회계사가 회계 감사와 M&A, 재무 자문 업무 등을 실무 관점에서 쉽게 설명하는 글을 다수 올리고 있는 중이다.

또 다른 블로그 기반 지식 크리에이터 장병*님은 직무 관련 강의를 운영하면서 2개 강의만으로 한 달 약 천만 원(순이익 거의 전부)를 올린 사례를 공유한 바 있다. 그는 유튜버 구독자 수 약 1,000명, 브런치 구독자 약 400명 수준의 초보 크리에이터지만, 본인의 경험과 전문성을 살려 콘텐츠를 기획하고 판매함으로써 의미 있는 수익을 꾸준히 창출하고 있는 중이다.

2024년 인크루트 조사에 따르면, 직장인 10명 중 6명은 '사이드 프로젝트 경험이 있다'고 답했다. 그중 40% 이상이 "수익이 아니라 경험을 위해 시작했다"고 밝혔다. 그러나 경험으로 시작한 프로젝트 중 일부는 실제 수익 모델로 발전했고, 일부는 본업 전환의 발판이 되었다. 중요한 건 거대한 성공이 아니라, **작은 시도가 새로운 가능성을 발견하게 한다는 사실**이다.

빠른 피드백의 중요성

작은 실험이 의미 있으려면 반드시 빠른 피드백이 뒤따라야 한다. 피드백이 없다면 실험은 단순한 취미로 끝난다. 온라인에서 글을 쓰거나 영상을 올릴 때, 사람들의 반응을 확인하고 무엇이 먹히는지 살펴야 한다. 강연이나 강의를 할 때, 청중의 표정과 피드백을 기록해 두어야 한다. 직장 내에서 새로운 방식을 시도했다면, 동료나 상사의 반응을 데이터처럼 분석해야 한다.

2023년 구글은 내부적으로 '스프린트(Sprint)[26]'라는 방식을 적용했다. 새로운 아이디어가 나오면 긴 기획 과정을 거치지 않고, 1주일 안에 프로토타입을 만들어 내부 사용자에게 피드백을 받는다. 이렇게 해서 성공한 서비스가 구글 드라이브의 새로운 협업 기능이었다. 개인의 커

---

26 Google Ventures(GV)에서 개발된 **Design Sprint** 방식. 오랜 기획이나 설계 단계를 거치기 전에, 최소한의 프로토타입을 빠르게 만들고 실제 사용자 피드백을 받아 본 뒤, 더 진행할지 여부를 결정하는 방식.

리어에도 같은 접근이 가능하다. 작은 시도를 통해 시장, 동료, 고객이라는 '사용자'로부터 피드백을 받아야 한다.

비행기를 처음 날린 라이트 형제 역시 작은 실험과 빠른 피드백의 전형이다. 그들은 처음부터 거대한 항공기를 만들지 않았다. 자전거 수리공이던 형제는 글라이더를 제작해 수백 번의 단거리 비행 실험을 했다. 실패하면 바로 수정했고, 그 과정에서 날개 각도와 조종 장치를 개선했다. 작은 실험과 빠른 피드백이 없었다면 1903년의 역사적 첫 비행은 불가능했을 것이다. 새로운 기술을 배울 때, 책상에서 완벽하게 마스터하려 하지 말고, 작은 프로젝트에 적용해 보라. 보고서에 AI 요약 기능을 활용해 보고, 회의 준비에 데이터 시각화를 시험해 보는 것도 작은 실험이다.

실패를 허용하는 문화

미국과 유럽의 스타트업 생태계가 빠르게 성장할 수 있었던 이유는 바로 '실패의 허용'이다. 실험과 피드백이 효과를 발휘하려면 실패를 두려워하지 않는 문화가 필요하다. **미국 실리콘밸리 창업자의 평균 실패 횟수는 2.7회**[27]라고 한다. 한 번에 성공한 사람보다, 여러 번 실패하면서 배운 사람이 결국 본인이 원하는 성공을 거둔 셈이다. 반면 한국 사회는 여전히 실패에 관대한 편이 아니다. 그러나 변화의 조짐은 있

---

27   2024년 세계경제포럼(WEF) 조사 결과 인용

다. 2024년 한국 스타트업 지원기관들이 시행한 '재도전 프로그램'에는 3,000명 이상이 참여했다. 한 차례 실패한 창업자들이 다시 도전할 수 있도록 지원하는 제도다. 실패가 낙인이 아니라, 학습 과정으로 인정받는 사회적 변화가 시작된 것이다.

AI 시대의 작은 실험

생성형 AI의 등장은 작은 실험을 더욱 쉽게 만들었다. 콘텐츠 제작, 디자인, 데이터 분석 등 과거에는 전문 기술이 필요했던 영역을 AI가 지원해 주면서, 누구나 적은 비용과 시간으로 실험할 수 있게 되었다. 예컨대 한 직장인이 블로그를 운영하려 할 때, 글의 초안은 AI가 도와줄 수 있다. 영상 제작을 시도하려 할 때, 편집은 AI 툴이 지원한다. 이렇게 낮아진 진입 장벽은 더 많은 사람이 '작은 실험'을 실행하게 한다. 앞서 언급한 2024년 맥킨지 보고서에서도 "AI 도구를 활용한 사이드 프로젝트의 수익화 가능성은 향후 5년간 3배 이상 성장할 것"이라고 전망했다. 이는 AI가 단순히 직업을 대체하는 것이 아니라, 개인의 실험 기회를 확장한다는 것을 보여 준다.

작은 실험이 커리어를 바꾼다

작은 실험은 단순한 취미나 보조 활동이 아니다. 그것은 **새로운 커리**

어의 씨앗이다. 작은 블로그 글이 책 출간으로 이어지고, 작은 강의가 강연자로의 길을 열며, 작은 앱 개발이 창업으로 발전한다. 중요한 건 완벽한 계획이 아니라, 실행과 학습의 순환이다.

작은 실험과 빠른 피드백은 해체 이후의 시대에서 가장 강력한 생존 전략이다. 완벽한 계획은 존재하지 않는다. 빠른 변화 속에서 필요한 것은 완벽이 아니라, 실행과 학습의 반복이다. 실패를 두려워하지 말고, 작은 시도로 길을 찾아야 한다.

결국 커리어를 다시 쓰는 힘은 작은 실험의 축적에서 나온다.

패턴·서사·놀이의 새로운 감각을 익혀라

“사람들은 당신이 한 말을 잊고, 당신이 한 일을 잊지만,
당신이 어떤 느낌을 주었는지는 잊지 않는다.”

— 마야 안젤루

AI가 많은 일을 대신하지만, 방향을 고르고 의미를 붙이는 일까지 대신하진 않는다. 다가올 10년을 준비한다는 건 더 많은 기능을 익히는 일이 아니라, 일을 바라보는 감각을 단단히 세우는 일이다. 그 중심에 **패턴**, **서사**, **놀이**가 있다. 셋은 서로 떨어진 개념처럼 보이지만, 실제로는 한 몸처럼 움직인다. 하나가 약하면 다른 둘도 힘을 잃고, 셋이 맞물리면 불확실성 속에서도 길이 나온다.

먼저 **패턴**이다. 패턴은 거창한 분석이 아니다. 매일 반복되어 나타나는 흐름을 알아차리고, 그 흐름의 의미를 분명히 보는 일이다. 같은 질문이 같은 시간대에 몰리는 현상, 어떤 단계에서 사람들이 유독 멈추는 지점, 특정 표현에서 반응이 달라지는 모습. AI는 이런 반복을 빠르게 계산해 보여 준다. 하지만 “왜 지금 여기서 이런 흐름이 생기는지”, “이

흐름을 살릴지, 누를지, 끊을지"는 사람이 결정한다. 패턴을 다룬다는 건 데이터를 대신 계산하는 일이 아니라, **흐름의 위치와 세기를 조절하는 선택**에 가깝다. 이 선택이 쌓이면 일은 단순해지고, 흩어졌던 팀은 같은 방향으로 움직인다. 패턴을 읽지 못하면 문제를 문제로 보지 못한다. 반대로 패턴이 보이면 작은 변화가 눈에 들어오고, 작은 변화는 예측 가능한 일상을 만든다. 불확실성 속에서 예측 가능성은 곧 지속을 가능하게 하는 이정표가 된다.

서사는 포장을 잘하는 기술이 아니다. 왜 이 일을 하는지, 누구에게 어떤 변화를 만들려 하는지, 지금의 선택이 어떤 미래로 이어지길 바라는지를 **한 흐름의 이야기로 묶는 일**이다. 데이터와 산출물은 중요하지만, 그것만으로는 우리가 어디로 가야 할지 알 수는 없다. 이야기가 있어야 흩어진 일들이 한 방향으로 묶이고, 실패와 시행착오도 자리를 잡는다. "우린 이런 이유로 이 길을 택했고, 이 지점에서 걸려 넘어졌고, 그래서 이렇게 고쳐 나갈 수 있다." 이런 이야기가 사람을 다시 움직이게 만든다. 서사가 없으면 우연은 미신이 되고, 잡음은 소모가 된다. 서사는 방향을 잃지 않게 하는 정신적 인프라다. 조직이든 개인이든 오래 버티는 이들은 일을 잘 설명하는 사람들이 아니라, **이유를 분명히 들려주는 사람들**이다.

놀이란 무엇일까? 여기서 말하는 놀이는 한가로운 여가가 아니다. 결과를 당장 증명하지 않아도 되는 **짧은 탐색의 시간**이다. 목표의 무게를 잠시 내려놓고 가능성을 만져 보는 시간, 어설픔을 허용하고 실패를 가

볍게 넘기는 시간. 일의 매끄러움이 늘어날수록 새로운 시도는 점점 숨이 찬다. 틀리지 않으려는 마음이 커질수록 시야가 좁아진다. 놀이가 끼어들어야 굳어 있던 틈이 열린다. 사소한 변형을 돌려 보고, 별것 아닌 착상을 시험해 보고, "이건 왜 불편하지?" 같은 질문을 따라가 보는 일. 이 가벼운 탐색은 금방 잊히는 소일거리가 아니다. 다음 변화의 재료를 미리 모아 두는 일이고, 팀의 호기심을 잃지 않게 하는 장치다. AI는 이때 좋은 조력자다. 다양한 초안을 빠르게 내놓고, 사람은 그중 살아 있는 것을 골라 깊게 파면 된다. 속도는 기계가 돕고, **무엇을 남길지는 사람이 정한다.**

중요한 건 셋이 따로 서있을 때보다 **서로 연결될 때 생기는 힘**이다. 놀이는 서사에 재료를 건넨다. 짧은 실험에서 나온 작은 발견이 다음 달 이야기의 중심이 된다. 서사는 패턴을 바라보는 눈을 키운다. 이유가 분명해지면 무엇을 관찰해야 하는지가 뚜렷해지고, 관찰의 초점이 선다. 패턴은 놀이의 방향을 정리한다. 막연한 실험이 아니라, 지금 드러난 흐름을 바꾸기 위한 시도로 연결된다. 이렇게 패턴-서사-놀이가 원을 그리며 돌기 시작하면, 불확실성은 완전히 사라지지 않아도 다룰 수 있는 크기로 줄어든다. **속도보다 중요한 건 회복**이다. 이 순환을 가진 팀과 개인은 넘어져도 빨리 일어난다. 빨리 일어나는 이들이 결국 더 멀리 간다.

이 세 감각은 커리어의 안전장치이기도 하다. 조직이 바뀌어도, 시장이 흔들려도, 패턴을 읽는 눈과 서사를 세우는 힘, 놀이처럼 가볍게 탐색하는 태도는 어디서든 쓸 수 있다. 기술과 도구는 계속 바뀐다. 오늘 배운 기능이 내일 구식이 되는 일도 흔하다. 하지만 **반복을 포착하고 흐름을 조절하는 판단, 이유를 한 흐름으로 묶어 사람을 움직이게 하는 이야기, 작게 시도하고 빠르게 배우는 습관**은 이동 가능한 자산이다. 직급이 바뀌어도 따라오고, 산업이 달라도 적용된다. 다가올 다음 10년이 불안한 이유는 모르는 것이 많아서가 아니라, 바뀌는 속도가 빨라서다. 속도가 빨라질수록 중요한 건 더 많이 아는 게 아니라 기본 감각을 잃지 않는 것이다.

셋의 균형도 중요하다. 패턴만 붙잡으면 현실 점검은 치밀해지지만, 사람을 모으는 힘이 약하다. 서사만 강조하면 말은 멀리 가도 발은 제자리다. 놀이만 추구하면 분위기는 가벼워도 누적이 약하다. 그래서 셋을 서로 기대게 해야 한다. 패턴이 기준을 만들고, 서사가 방향을 잡고, 놀이가 가능성을 불러온다. 기준·방향·가능성이 한데 걸리면, 오늘의 선택은 덜 흔들리고 내일의 변화는 덜 두렵다. AI가 넓이를 확장하면, 우리는 이 세 감각으로 깊이와 연속성을 지킨다. 넓이와 깊이가 함께 있을 때 결과는 오래 간다.

이 감각들은 원래 누구에게나 있다. 다만 빠른 업무와 잦은 알림 사이에서 잊히기 쉽다. 그래서 다가올 10년을 말할 때, 거대한 청사진보다 이 세 가지를 먼저 떠올리고 싶다. 오늘 본 반복을 놓치지 않는 눈, 일을 하나의 흐름으로 설명할 수 있는 입, 부담 없이 시도해 보는 손. 눈과 입과 손이 같은 방향을 볼 때, 작은 선택이 쌓여 길이 된다. 거창한

약속이 없어도 충분하다. 패턴이 보이면 쓸데없는 힘을 덜고, 서사가
서면 마음이 모이고, 놀이가 있으면 가능성이 남는다. 남은 가능성은
다시 패턴을 바꾸고, 바뀐 패턴은 새로운 서사를 부른다. 이 순환이 커
리어의 체력을 만든다.

앞으로의 10년은 정답을 많이 아는 사람의 시대가 아니다. **흐름을 다
루고, 이유를 세우고, 가능성을 살리는 사람의 시대**다. 패턴 · 서사 · 놀
이. 이 세 가지를 생활의 언어로 붙들어 두면, 환경이 흔들려도 중심은
흔들리지 않는다. 셋이 연결될 때 생기는 힘이 당신을 앞으로 밀어준
다. 기술은 속도를 주고, 이 감각은 방향을 준다. 속도와 방향이 만나는
순간, 불확실한 길도 충분히 걸을 만한 길이 된다. 그 길의 첫걸음은 멀
리 있지 않다. 오늘 본 반복을 잊지 않고, 지금 하는 일을 한 흐름으로
말해 보고, 내 안의 작은 호기심을 버리지 않는 것. 다음 10년은 그 정
도의 꾸준함으로 열릴 것이다.

위기의 시대는 언제나 기회의 시대이기도 하다. 역사를 돌아보면, 가장 큰 위기의 순간에 새로운 길을 찾아낸 이들이 결국 시대의 주인이 되었다. 중요한 것은 무너진 길을 바라보며 한숨 쉬는 것이 아니라, 그 곁의 작은 오솔길을 발견하는 일이다. 새로운 기회를 찾아가는 태도가 곧 생존의 힘이 된다.

위기의 한가운데서 열린 문

1929년 대공황은 세계 경제를 송두리째 무너뜨렸다. 수백만 명의 일자리가 사라졌고, 미국의 실업률은 25%까지 치솟았다. 그러나 같은 시기에 라디오 방송과 영화 산업은 급성장했다. 사람들은 절망 속에서도 위로와 오락을 찾았고, 새로운 미디어가 그 필요를 채웠다. 한쪽에서 수많은 직업이 사라지는 동안, 다른 한쪽에서는 수천 개의 새로운 직업이 태어났다. 위기가 문을 닫을 때, 동시에 또 다른 문이 열리는 것이다. 한국의 IMF 외환위기 역시 같은 교훈을 남긴다. 1997년, 수많은 기업이 문을 닫고 수십만 명이 실직했다. 그러나 그 균열 속에서 인터넷 벤처 붐이 일어났다. 싸이월드, 네이버, 다음 같은 기업들이 태동했고, 훗날 한국 IT 산업의 토대를 마련했다. 전망만 가득한 순간 같았지만, 누군가에게는 인생의 전환점이었다. 위기와 기회는 언제나 같은 자리에 있다.

2020년 팬데믹도 마찬가지였다. 세계 경제가 멈추고 전통 산업이 무너졌지만, 동시에 온라인 교육·배달 서비스·화상 회의·디지털 헬스케어 같은 분야가 폭발적으로 성장했다. 줌(Zoom)은 팬데믹 이전에 불과 1,000만 명이던 이용자가 3억 명으로 늘었고, 한국의 배달의민족은 생활 인프라로 자리 잡았다. 전통의 문이 닫힌 자리에서, 새로운 문이 열렸다.

오늘의 새로운 기회 - AI, 기후, 인구

지금 우리가 마주한 해체 이후의 시대에도 기회는 곳곳에 숨어 있다. 그 중심에는 AI, 기후 위기, 인구 구조 변화가 있다. AI는 수많은 직무를 대체하고 있지만 동시에 새로운 일자리도 창출한다. 미국 IT 리서치 기관 가트너는 2024년 보고서에서 "향후 5년간 AI 관련 직종이 연평균 20% 이상 성장할 것"이라고 전망했다. AI 프롬프트 엔지니어, 데이터 거버넌스 전문가, AI 윤리 자문가는 불과 2~3년 전만 해도 존재하지 않았던 직업이다. 한국에서도 2024년 삼성, 네이버, 카카오가 앞다투어 'AI 활용 전문가' 채용을 늘리고 있다. 많은 사람이 두려움 속에 있지만, 준비된 사람은 그 안에서 기회를 찾는다.

또한 국제재생에너지기구(IRENA)의 2023년 보고서에 따르면, 2050년까지 전 세계 신재생에너지 산업에서만 약 1억 개 이상의 일자리가 창출될 것으로 전망하고 있다. 한국에서도 2023년 기준 태양광·풍력 산업 종사자는 10만 명을 넘어섰으며, 그 수는 매년 두 자릿수 성장률을 기록 중이다. 기후 위기는 전통 산업을 흔들지만, 동시에 새로운 녹색 산업의 기회로 이어지고 있다.

인구 변화도 비슷하다. 한국은 급속히 고령화되는 사회로 들어섰다. 청년 실업은 늘어나지만, 동시에 돌봄과 의료, 웰니스 산업의 수요는 폭발적으로 증가한다. 보건복지부 2024년 통계에 따르면, 국내 시니어 케어 시장 규모는 연평균 12% 이상 성장하고 있다. 청년들이 "일자리가 없다"고 말하는 동안, 다른 한쪽에서는 사람이 없어 구인난이 심각하다. 새로운 기회는 언제나 균열의 반대편에서 나타난다. 동전의 양면처럼 말이다.

멀리 본다는 것은 시대의 거대한 흐름을 읽는 일이다. AI, 기후, 인구 구조 같은 메가트렌드는 개인의 의지와 무관하게 세계를 흔든다. 이것은 단순한 산업의 변화가 아니라 삶의 방식 자체를 바꾸는 힘이다. 농업혁명이 수천 년 동안 인류의 삶을 규정했고, 산업혁명이 지난 200년을 지배했듯이, 지금의 변화는 앞으로 수십 년간 우리가 어떻게 살아갈지를 결정할 것이다. 멀리 본다는 것은 이 흐름을 놓치지 않고, 지금의 혼란 너머를 바라보는 용기다. 하지만 멀리 보는 눈만으로는 충분하지 않다. 우리가 실제로 살아가는 자리는 늘 가까운 지금, 오늘이기 때문이다.

멀리서 다가오는 거대한 파도를 알아본다고 해도, 오늘 내가 땅 위에 어떤 발걸음을 내딛는지가 결국 나의 미래를 만든다. 가깝게 그린다는 것은 거대한 담론을 내 삶의 언어로 번역하는 일이다. AI의 파도 속에서 내가 배울 한 가지 기술, 기후 위기의 시대에 내가 선택할 생활 방식, 고령화 사회에서 내가 세울 작은 일터. 거대한 지형도는 필요하지만, 그 위에 오늘의 작은 선을 긋지 않는다면 지도는 아무 의미도 없다.

우리가 기억해야 할 것은, 역사는 언제나 '준비된 개인'을 통해 움직였다는 점이다. 대공황 속에서도 라디오 방송국에서 새로 문을 연 직원을 떠올려 보자. IMF 위기 속에서도 작은 벤처를 시작했던 청년들이 경험했을 하루하루의 일상과 노력들 역시 대단했을 것이다. 팬데믹이 세계를 멈추게 했을 때, 줌의 서버를 밤새 돌리던 엔지니어 역시 자기 자리를 묵묵히 지키고 있었을 것이다. 거대한 변화가 사람을 집어삼키기도 하지만, 동시에 새로운 길을 만든 사람들은 언제나 있었다. 그들은 멀리 보되, 가깝게 자신의 그림과 미래를 그린 사람들이었다.

　가까운 오늘도 역시 결코 가볍지 않다. 오늘의 작은 선택들이 쌓여 미래의 큰 궤적을 만든다. 새로운 기술을 배우려는 시도, 익숙한 습관을 버리고 다른 방식을 찾아보려는 용기, 다른 세대와 대화하며 경계 밖을 넘는 태도. 그 모든 것이 선명한 미래를 그려 내는 선이 된다. 먼 미래의 윤곽을 잡는 일은 거창한 선언이 아니라, 지금 이 순간을 어떻게 살아 내느냐에 달려 있다.

　"멀리 보되, 가깝게 그려라." 이것은 커다란 이상이 아니라 오늘의 삶을 위한 가장 구체적인 전략이다. 멀리 보지 못하면 방향을 잃고, 가깝게 그리지 못하면 실행이 없다. 두 가지가 만날 때 비로소 우리는 불확실성 속에서도 길을 만든다. 이렇게 혼란하고 불확실한 상황에서 "나는 이제 어디로 가야 하는가?"질문은 멈추지 않을 것이고, 그 답은 누구도 대신 내려 주지 않는다. 그러나 한 가지는 분명하다. 미래는 아직 쓰이지 않았고, 그 빈 페이지는 당신 앞에 놓여 있다. 멀리 보라, 그러나 오늘 당신의 손으로 한 줄을 그려 보자. 그 선이 모여 당신의 내일이 되고, 나아가 이 시대의 새로운 지도가 될 것이다. 미래는 그렇게 다가온다.

"커리어는 무너질 수 있지만, 인간의 가능성은 해체될 수 없다."

어느 시대에나 변화는 있었지만, 거의 대부분 사람들이 인식하지 못한 사이 훅 하고 지나간다. 다만 개개인마다 받아들이는 시점과 공간만 다를 뿐이다. 하지만 최근 겪는 변화는 과거 우리 인류가 겪었던 그 어떤 경험보다 더 큰 방향과 속도로 내달리고 있는 중이다. 길이라고 믿었던 것이 어느 순간 갑자기 끊어지고, 그동안 당연했던 것들이 금세 사라지는 일이 지금은 흔하게 되었다. 기술이 사람을 압도하고, 도구를 활용하지 못하면 현실을 이해할 수 없는, 과거와는 전혀 다른 세상을 맞이하고 있다. 한치 앞을 예측할 수 없는 불확실한 시대에 이미 접어들었다는 의미다. 이럴 때마다 사람들은 본능적으로 뒤를 돌아보게 되고 과거의 안정과 질서를 다시 불러오고 싶어 한다. 그러나 역사는 단 한 번도 뒤로 흐른 적이 없었다. 이제 우리의 눈은 과거의 사다리가 아니라, 아직 선명히 그려지지 않은 미래의 지형을 바라보아야 한다.

AI가 만든 파동은 단순한 산업의 교체가 아니다. 그것은 인간이 자신을 바라보는 방식 자체를 흔들고 있다. 직업과 직장이 곧 정체성이던 시대는 이미 저물고 있다. 더 이상 명함이 내 존재의 무게를 대신해 주지 않는다. 앞으로는 어떤 일을 하는 사람이 아니라, **어떤 가치를 지닌**

사람으로 설명될 수 있어야 한다. 우리가 두려워하는 것은 사실 기술이 아니다. 익숙한 질서가 무너질 때, 스스로를 설명할 언어를 잃어버리는 그 공허함이 두려운 것이다. 그러나 새로운 언어는 이미 우리 안에서 태동하고 있다. 과거의 틀에 맞추어 살아온 시간이 아니라, 지금 여기에서 내가 만들어 내는 의미와 연결이 그것이다. 일을 잃는다고 해서 삶까지 잃는 것은 아니다. 오히려 그때부터 진짜 나를 드러낼 기회가 찾아온다.

돌아보면 인류의 역사는 늘 같은 과정을 반복해 왔다. 농업에서 산업으로, 산업에서 정보로, 그리고 지금은 인공지능으로 이어지는 길 위에서 우리는 늘 흔들렸지만 동시에 새로운 길을 발견해 왔다. 과거에도 누군가는 도태되었고, 또 누군가는 길을 열었다. 중요한 것은 그 길이 누구에게나 주어진 것이 아니었다는 점이다. 준비한 자만이 그 길을 보았고, 용기를 낸 자만이 그 길을 걸었다.

우리는 지금 거대한 선택의 문 앞에 서 있다. 아무도 강요하진 않지만, 누가 대신 정해 주지도 않는다. 결국 스스로의 시선과 태도가 모든 것을 결정한다. 불확실성을 두려움으로만 볼 것인가? 아니면 가능성의 다른 이름으로 받아들일 것인가? 정답은 하나가 아니고, 답을 정해 주는 교과서도 없다. 다만 분명한 것은, 그 답을 찾는 과정 속에서 우리는 분명히 깊이 성장한다는 사실이다. 기술은 빠르게 인간의 손에서 일을 빼앗고 있지만, 동시에 우리에게 새로운 가능성의 자리를 마련하고 있다. 중요한 것은 그 자리가 얼마나 안정적인가가 아니라, 내가 거기에 맞설 힘을 얼마나 가지고 있는가이다.

　나는 이 책을 통해서 당장의 생활패턴이나 방법을 바꾸려는 시도를 권하고 싶지는 않다. 퇴근 후 2시간은 어떻게 써야 하는지, 달라진 미래 노후 준비를 위해 현금 흐름을 다각화하고, 수입은 어떻게 관리해야 하는지? 이런 것들은 AI 시대가 아니더라도 필요한 사람은 스스로 판단해서 바꿀 일이다. 내가 말하려는 변화는 삶의 근본적인 방향, 시대가 바뀌어도 언제든지 나를 지킬 수 있는 원칙과 힘이다. 하루하루는 그저 흘러갈 수 있는 아주 짧은 시간일 뿐이지만 결국에는 나를 궁극적으로 크게 일으켜 세워줄 수 있는 삶의 태도를 의미한다.

　앞으로의 세계는 속도를 멈추지 않을 것이다. 어제 익힌 기술이 오늘은 낡은 것이 되고, 오늘의 성취가 내일은 사라진다. 그렇다고 해서 허무에 갇혀야 하는 것은 아니다. 오히려 그 속도 속에서 나를 증명할 작은 단서들을 발견할 수 있다. 한 줄의 문장을 새로 쓰는 힘, 낡은 습관을 버리고 더 나은 방식을 시도하는 용기, 그리고 불확실한 내일을 두려움보다 호기심으로 바라보는 태도. 이 모든 것이 곧 우리를 지켜 줄 가장 확실한 생존의 조건이다. 큰 결심은 필요 없다. 오늘 겪었던 반복 하나를 적고, 내일 바꿀 한 가지를 정하고, 가능한 작은 결과물을 하나 남기면 된다. 그다음 날에는 어제의 기록 위에서 또 한 칸 자리를 옮겨 적어나간다. 커리어는 거대한 도약으로 만들어지지 않는다. 작은 증거가 꾸준히 쌓여 만들어진다.

"다가올 10년, 당신은 어떤 미래를 다시 쓸 것인가?"

정답은 없다. 이제부터 살아가는 과정 자체가 곧 당신의 생존이고, 당신의 성장이며, 당신의 이야기다. **커리어는 해체될 수 있지만, 당신의 가능성은 해체되지 않는다.** 바로 다음을 이어 가는 당신의 도전이 새로운 서사의 첫 문장이 되기를 바란다.

끝

참고 문헌 및 자료

1) 책(사상·역사·경영·사회)

- 리처드 세넷, 『캐릭터의 부식(The Corrosion of Character)』, 『신자본주의의 문화(The Culture of the New Capitalism)』
- 한나 아렌트, 『인간의 조건(The Human Condition)』
- E. P. 톰슨, 『시간 규율과 공장제(Work-Discipline and Industrial Capitalism)』
- 미셸 푸코, 『감시와 처벌(Discipline and Punish)』
- 피터 드러커, 『매니지먼트』, 『단절의 시대의 경영』
- 울리히 벡, 『위험사회』
- 앨빈 토플러, 『미래 쇼크』, 『제3의 물결』
- 클레이튼 크리스텐슨, 『혁신기업의 딜레마(The Innovator's Dilemma)』
- 윌리엄 깁슨, 인터뷰·에세이("The future is already here—it's just not evenly distributed.")
- 지그문트 바우만, 『액체 근대(Liquid Modernity)』
- 클라우스 슈밥, 『제4차 산업혁명(The Fourth Industrial Revolution)』

2) 국제기구·정부·공공 데이터

- OECD, A Broken Social Elevator? How to Promote Social Mobility, 2024; 각종 사회이동·교육지표
- 통계청(KOSTAT) 경제활동인구·고용동향·고령층 고용 관련 통계(퇴직·재취업·소득 변화 등)
- 한국고용정보원(KEIS) AI·직업전망·세대 인식 조사(보고서·브리프).
- 금융감독원(FSS) 및 은행 공시: 국내 4대은행 인력추이·점포 구조조정 관련 통계·보도자료.

3) 산업 · 기업 리포트(조직 · 생산성 · AI 도입)

- McKinsey Global Institute/Survey, The State of AI 및 GenAI and the future of work(2023-2024).
- Deloitte, State of AI in the Enterprise 2024(또는 동년도 AI 현황 보고서).
- PwC, Global AI Jobs Barometer/AI survey(2023-2024).

4) 법 · 제도/플랫폼 노동 판례 & 법제

- 영국 대법원(UK Supreme Court) Uber BV v Aslam [2021] UKSC 5 — 플랫폼 드라이버 'worker' 인정
- 스페인 '라이더법'(Ley de riders, 2021) — 배달기사의 종속적 고용 추정 규정. Nieman Lab

5) 저널리즘 · 콘텐츠(뉴스업 · 번역 · 리포팅)

- Associated Press: 2014년부터 기업 실적 기사 자동화(Automated Insights와 협업), 이후 스포츠/로컬 데이터 기사 확대. TechCrunch
- 워싱턴포스트, 자동 작성 시스템(Heliograf) 사례 등(언론 자동화 동향).

6) 테크 · 고용(대규모 감원, 조직 재편, 로보틱스)

- 테크 업계 감원 동향: 데이터베이스(2020-2025).
- 마이크로소프트 · 메타 · 구글 · 인텔 등 2023-2025 인력 구조조정 보도(주요 경제지 · 공식 블로그 · 실적)
- 아마존 로보틱스(구 키바) — 풀필먼트 센터 자동화 · 경로 최적화 도입과 생산성 효과.
- CJ대한통운 등 국내 물류사의 AI 자동분류/로보틱스 확대 도입 보도(연차보고서 · 보도자료 · 경제지).

7) 국내 사례(은행 · 플랫폼 · 교육 · 콘텐츠 · 제조)

- 국내 시중은행: 디지털 전환에 따른 점포 축소 · 인력 조정(금감원 통계 · 개별 은행 공시 · 경제지 종합).

- 배달/대리운전/프리랜싱 등 플랫폼 노동 규모 · 위험 · 보험제도: 한국노동연구원, 한국고용정보원, 서울
- 연구원, 한국 소비자 연맹 보고서
- 제조 · 금융 · 서비스 부문 AI 도입 사례 — 각사 보도자료 · 컨퍼런스 발표 자료

8) 역사 · 노동사(길드 · 도제 · 산업혁명 · 포디즘)

- 길드 · 도제 제도: 유럽 중세 도시 · 상공조합 연구(길드 규약 · 도시사 개론서)
- 산업혁명 · 공장 규율 · 임금노동: 사회경제사 개론서 및 톰슨(E. P. Thompson) 논문
- 테일러(과학적 관리법), 포드(컨베이어 · 대량생산), 포디즘-복지국가-노조의 상호작용: 경영사/노동사

9) 한국 현대사 · 노동(압축성장 · IMF · 고용 유연화)

- IMF 외환위기 이후 고용구조 변화: 한국은행 · KDI · 노동연구원 보고서, 통계청 장기 시계열
- 2000년대 이후 '공채 축소 · 경력 채용 확대'와 인턴제 변화
  — 고용노동부 · 민간 취업포털(잡코리아 · 사람인 · 인크루트) 조사 결과 · 연감

10) 국내 금융권 구조조정 관련 내용

- 금융감독원. 「은행권 인력 현황」(2025 상반기 기준).
- 주요 국내 언론 보도(한국경제, 매일경제, 한겨레, 2024-2025).
- KB, 신한, 하나, 우리은행 희망퇴직 실시 관련 기사.

11) 공공 및 교육 분야 변화

- 교육부. 「교원 임용 현황 및 선발 인원 발표」(2020-2024).
- 지방자치단체 및 교육청 발표 자료(저출산 및 학생 수 감소 관련).
- 인사혁신처. 「공무원 신규 채용 현황」(2019-2024).

12) 전문직 시장 동향

- 보건복지부. 「전공의 정원 및 지원 현황」(2024).
- 대한병원협회. 「지방 중소병원 인력 수급 보고서」(2023-2024).
- 대한변호사협회. 「변호사 수 및 시장 동향」(2023-2024).

13) 기타 통계 자료

- 통계청. 「경제활동인구조사」, 「고용동향」(2023-2024).
- OECD. 「Education and Social Mobility Report」(2023).
- 인크루트. 「직장인 설문조사: 보상과 동기」(2024).

14) 사회·경제 분석 보고서

- MIT Sloan Management Review(2024). 기업의 AI 전환 및 조직 구조 변화 관련 리포트.
- OECD 보고서 및 한국고용정보원 자료: 사회 계층 이동성, 일자리 전망.

커리어의 해체

ⓒ 신세웅, 2026

초판 1쇄 발행 2026년 1월 9일

지은이   신세웅
펴낸이   이기봉
편집   좋은땅 편집팀
펴낸곳   도서출판 좋은땅
주소   서울특별시 마포구 양화로12길 26 지월드빌딩 (서교동 395-7)
전화   02)374-8616~7
팩스   02)374-8614
이메일   gworldbook@naver.com
홈페이지   www.g-world.co.kr

ISBN   979-11-388-5134-3 (03330)